Die Erfindung
der Büchse der Pandora

Die unaufhaltsame Ausbreitung allen Übels

Eine Betrachtung

von

Lutz Spilker

DIE ERFINDUNG DER BÜCHSE DER PANDORA
DIE UNAUFHALTSAME AUSBREITUNG ALLEN ÜBELS

Bibliografische Information der Deutschen Nationalbibliothek:
Die Deutsche Nationalbibliothek verzeichnet diese Publikation in der Deutschen Nationalbibliografie; detaillierte bibliografische Daten sind im Internet über http://dnb.dnb.de abrufbar.

Softcover ISBN: 978-3-384-31170-2
Ebook ISBN: 978-3-384-31171-9

© 2024 by Lutz Spilker
https://www.webbstar.de
Druck und Distribution im Auftrag des Autors:
tredition GmbH, An der Strusbek 10, 22926 Ahrensburg, Germany

Inhalt

**»Aber die verdammte Büchse der Pandora!
Das fatale Geschenk hat alles verdorben!«**

Christoph Martin Wieland

Christoph Martin Wieland (* 5. September 1733 in Oberholzheim bei Biberach
an der Riß; † 20. Januar 1813 in Weimar, Sachsen-Weimar-Eisenach) war ein
deutscher Dichter, Übersetzer und Herausgeber zur Zeit der Aufklärung.

Wieland war einer der bedeutendsten Schriftsteller der Aufklärung im
deutschen Sprachgebiet und der Älteste des klassischen Viergestirns von
Weimar, zu dem neben ihm Johann Gottfried Herder, Johann Wolfgang
Goethe und Friedrich Schiller gezählt werden.

Vorwort

Die Geschichte von Pandora und ihrer Büchse ist eine der be-
eindruckendsten und zugleich bedeutendsten Mythen des antiken Griechenlands. Sie hat nicht nur die Vorstellungskraft der
Menschen über Jahrtausende hinweg beflügelt, sondern auch
eine tiefgehende Symbolik entwickelt, die bis heute in unserer
Kultur, Sprache und Philosophie verankert ist. Dieses Buch,
›Die Erfindung der Büchse der Pandora‹, nimmt Sie mit auf
eine Reise durch die Geschichte und Bedeutung dieses Mythos,
seine Entstehung und seine weitreichenden Implikationen.

Die Welt der griechischen Mythologie

Bevor wir in die Details der Geschichte von Pandora eintau-
chen, ist es wichtig, die Welt zu verstehen, in der diese Erzählung entstanden ist. Die griechische Mythologie ist ein komplexes und faszinierendes Geflecht von Geschichten, das die Gedanken und Vorstellungen der alten Griechen widerspiegelt.
Diese Mythen dienten nicht nur zur Unterhaltung, sondern
auch zur Erklärung der Welt und der menschlichen Natur.

Im Zentrum der griechischen Mythologie steht der Göttervater-
ter Zeus, der mächtigste und oberste Gott des Olymps. Zeus
herrschte über Himmel und Erde, kontrollierte das Wetter und
war für Recht und Ordnung zuständig. Seine Entscheidungen
und Handlungen beeinflussten das Leben der Menschen und
der anderen Götter maßgeblich.

Neben Zeus spielt auch Hermes, der Götterbote, eine wichtige Rolle in der Geschichte von Pandora. Hermes war für seine Schnelligkeit und seinen Scharfsinn bekannt und fungierte oft als Vermittler zwischen den Göttern und den Menschen. Sein listiges Wesen und seine Fähigkeit, zwischen den Welten zu wandeln, machen ihn zu einer zentralen Figur in vielen Mythen.

Die Erschaffung Pandoras

Die Geschichte von Pandora beginnt mit einem Konflikt zwischen Zeus und dem Titanen Prometheus. Prometheus, bekannt für seine Klugheit und sein Mitgefühl für die Menschen, stahl das Feuer vom Olymp und brachte es den Sterblichen. Dieser Akt des Ungehorsams erzürnte Zeus zutiefst, da das Feuer den Menschen nicht nur Wärme und Licht brachte, sondern auch Wissen und Macht.

Als Strafe für diesen Frevel beschloss Zeus, den Menschen ein Geschenk zu machen, das sich als Fluch erweisen sollte. Er beauftragte Hephaistos, den Gott des Handwerks und der Schmiede, eine Frau zu erschaffen – Pandora. Hephaistos formte Pandora aus Lehm und verlieh ihr außergewöhnliche Schönheit. Jede der anderen Göttinnen und Götter gab ihr besondere Gaben: Athene lehrte sie Handwerkskunst, Aphrodite schenkte ihr Anmut und Verführungskraft, und Hermes gab ihr eine scharfe Zunge und ein listiges Wesen.

Pandora, deren Name ›die Allbeschenkte‹ bedeutet, war ein wahres Wunderwerk. Doch mit ihr kam auch die Büchse (oder genauer gesagt, der Krug), die sie als Mitgift erhielt. Zeus gab ihr die Anweisung, diese Büchse niemals zu öffnen. Doch in Pandoras Wesen lag eine gewisse Neugier und Unruhe, die schließlich dazu führte, dass sie der Versuchung nicht widerstehen konnte.

Das Öffnen der Büchse und die Folgen

Eines Tages, getrieben von Neugier und vielleicht einem leisen Flüstern des Schicksals, öffnete Pandora die Büchse. In diesem Moment entkamen alle Übel der Welt: Krankheit, Leid, Tod und Elend verbreiteten sich unter den Menschen. Pandora, erschrocken über das, was sie getan hatte, versuchte, die Büchse schnell wieder zu verschließen, doch es war zu spät — nur die Hoffnung blieb darin zurück.

Diese Handlung und ihre Konsequenzen sind der Kern der Erzählung und haben tiefe symbolische Bedeutungen. Die Büchse der Pandora steht als Metapher für unvorhergesehene Konsequenzen und die Entfesselung unkontrollierbarer Kräfte. Doch die Tatsache, dass die Hoffnung in der Büchse zurückbleibt, bietet auch einen Funken Optimismus: Trotz allem Leid gibt es immer noch Hoffnung.

Die Symbolik und Bedeutung des Mythos

Die Geschichte von Pandora und ihrer Büchse ist reich an Symbolik und Interpretationen. Sie wirft grundlegende Fragen über die menschliche Natur, Neugier, Gehorsam und die Rolle der Götter im Leben der Menschen auf. Pandora selbst kann als Symbol für die Dualität der menschlichen Existenz gesehen werden – sowohl als Quelle von Wissen und Fortschritt als auch von Gefahr und Unheil.

In diesem Buch werden wir diese und viele andere Aspekte der Geschichte von Pandora untersuchen. Wir werden die historischen und kulturellen Kontexte erforschen, in denen der Mythos entstand, und seine verschiedenen Interpretationen im Laufe der Jahrhunderte beleuchten. Wir werden Parallelen zu modernen wissenschaftlichen und technologischen Entwicklungen ziehen und die ethischen und philosophischen Implikationen dieser uralten Geschichte in der heutigen Zeit diskutieren.

Dieses Vorwort soll Ihnen als Einführung in die Welt der griechischen Mythologie und die zentrale Rolle der Geschichte von Pandora dienen. Es ist wichtig, die Figuren und ihre Hintergründe zu kennen, um die Tiefe und die Nuancen dieser Erzählung vollständig zu verstehen. Im weiteren Verlauf des Buches werden wir diese Grundlagen vertiefen und Ihnen eine umfassende und spannende Reise durch die Welt der Büchse der Pandora bieten.

Ich lade Sie ein, sich auf dieses Abenteuer einzulassen und die vielen Einschliffe einer der mitreißendsten Geschichten der Menschheitsgeschichte zu entdecken. Mögen Sie in den folgenden Kapiteln sowohl Erkenntnis als auch Inspiration finden und vielleicht einen neuen Blick auf die alten Mythen und ihre Bedeutung für unsere moderne Welt gewinnen.

Mit diesen einführenden Worten heiße ich Sie herzlich willkommen in der Welt der Pandora und ihrer Büchse. Lassen Sie uns gemeinsam die Geheimnisse und Lehren dieser uralten Geschichte erkunden.

Einleitung: Die zeitlose Faszination des Pandora-Mythos

Der Pandora-Mythos, eine der ältesten und beständigsten Erzählungen der westlichen Zivilisation, zieht seit Jahrhunderten die Menschen in seinen Bann. Seine Ursprünge reichen zurück in die Antike, in die Zeit der Griechen, deren Mythen und Geschichten tief in das kulturelle Bewusstsein eingedrungen sind. Doch warum fasziniert uns die Geschichte von Pandora und ihrer verhängnisvollen Büchse bis heute? Diese Einleitung soll nicht nur in das Thema des Buches einführen, sondern auch die anhaltende Relevanz des Pandora-Mythos in der modernen Zeit beleuchten. Gleichzeitig soll sie einen Überblick über die Kapitelstruktur des Buches geben und den Leser auf eine spannende Reise vorbereiten.

Einführung in den Pandora-Mythos

Der Mythos von Pandora beginnt in einer Zeit, als die Götter noch direkt in das Leben der Menschen eingriffen und die Welt nach ihren Vorstellungen formten. Zeus, der mächtige Göttervater, war erzürnt über Prometheus, der das Feuer, ein Symbol göttlicher Macht und Wissen, den Menschen gestohlen hatte. Als Vergeltung ließ Zeus die erste Frau erschaffen: Pandora. Ausgestattet mit Schönheit, Verstand und einer Büchse, die alle Übel der Welt enthielt, wurde sie zur unwissentlichen Überbringerin des menschlichen Leids.

Pandora öffnete die Büchse aus Neugier oder Ungehorsam, je nach Interpretation des Mythos, und ließ damit unzählige Plagen wie Krankheit, Tod und Leid über die Menschheit hereinbrechen. Doch ein einziges Geschenk blieb in der Büchse zurück: die Hoffnung. Diese doppelte Symbolik aus Zerstörung und Trost hat den Pandora-Mythos zu einem tiefgründigen und vielschichtigen Erzählgut gemacht, das bis heute interpretiert und analysiert wird.

Die Relevanz des Pandora-Mythos in der modernen Zeit

Warum hat der Pandora-Mythos über Jahrtausende hinweg nichts von seiner Anziehungskraft verloren? Einer der Gründe liegt in seiner universellen Themenvielfalt. Die Geschichte von Pandora berührt grundlegende Aspekte der menschlichen Existenz: die Neugier, die uns antreibt, aber auch gefährden kann; die Macht der verbotenen Erkenntnis; und die unaufhaltsame Verbreitung von Übel und Leid, die durch menschliches Handeln ausgelöst wird. Diese Themen sind zeitlos und finden sich in vielen modernen Kontexten wieder.

In der heutigen Zeit wird der Pandora-Mythos oft als Metapher für wissenschaftliche und technologische Entwicklungen verwendet, die außer Kontrolle geraten können. Von der Gentechnik über künstliche Intelligenz bis hin zu Umweltkatastrophen – die Idee, dass menschliches Streben nach Wissen und Macht unvorhersehbare und oft verheerende Konsequenzen haben kann, ist aktueller denn je. Der Mythos dient als warnendes Beispiel für die potenziellen Gefahren unserer modernen Welt und erinnert uns daran, dass mit großer Macht auch große Verantwortung einhergeht.

Ziel des Buches

Dieses Buch verfolgt das Ziel, den Pandora-Mythos in seiner ganzen Tiefe und Breite zu erforschen. Es soll den Leser durch die historischen Ursprünge der Geschichte führen, die vielfältigen Interpretationen in der Antike beleuchten und die philosophischen, ethischen und kulturellen Implikationen herausarbeiten. Dabei wird es nicht nur darum gehen, die Erzählung selbst zu verstehen, sondern auch ihre Bedeutung für unsere heutige Gesellschaft und die Herausforderungen, denen wir gegenüberstehen.

Das Buch wird die Leser dazu anregen, über die Parallelen zwischen der antiken Erzählung und den modernen Dilemmata nachzudenken, mit denen wir konfrontiert sind. Es soll ein Bewusstsein dafür schaffen, dass Mythen wie die von Pandora nicht nur alte Geschichten sind, sondern lebendige und relevante Narrative, die uns helfen können, unsere eigene Welt besser zu verstehen.

Überblick über die Kapitelstruktur

Um den Leser systematisch durch die verschiedenen Facetten des Pandora-Mythos zu führen, ist das Buch in mehrere Kapitel gegliedert, die jeweils spezifische Aspekte der Geschichte und ihrer Bedeutung behandeln.

• Die ersten Kapitel bieten eine Einführung in die Welt der griechischen Mythologie und die Rolle von Prometheus, dessen Handlungen den Rahmen für die Erschaffung Pandoras setzen.

• Es folgt eine detaillierte Beschreibung der Erschaffung Pandoras, ihrer Gaben und der symbolischen Bedeutung ihrer Figur als erste Frau.

• Weitere Kapitel widmen sich der Büchse selbst, dem Moment ihres Öffnens und den darauf folgenden Konsequenzen für die Menschheit.

• Ein zentraler Abschnitt untersucht die philosophischen und ethischen Implikationen des Mythos und die Rolle der Hoffnung, die als einziges positives Element in der Büchse verblieb.

• Die Rolle der Frauen in der griechischen Mythologie und die künstlerische sowie literarische Rezeption Pandoras werden in separaten Kapiteln beleuchtet.

• Moderne wissenschaftliche und technologische Parallelen zum Pandora-Mythos werden aufgezeigt, um die anhaltende Relevanz und die Gefahren unkontrollierter Entwicklungen zu diskutieren.

• Schließlich bieten die abschließenden Kapitel eine kritische Reflexion über die kulturelle Rezeption des Mythos, feministische Perspektiven und moderne Reinterpretationen.

Das Buch schließt mit einer Zusammenfassung der wichtigsten Erkenntnisse und einem Ausblick auf die zukünftige Bedeutung des Pandora-Mythos. Diese umfassende Betrachtung soll den Leser nicht nur informieren, sondern auch inspirieren und zum Nachdenken anregen.

Durch diese strukturierte und tiefgehende Herangehensweise soll das Buch dem Leser eine fundierte und vielschichtige Auseinandersetzung mit einem der faszinierendsten Mythen der Menschheitsgeschichte bieten. Die Reise durch die Welt der Pandora wird eine Entdeckungsreise sein – eine Reise in die Vergangenheit, die Gegenwart und die Zukunft unserer kulturellen und philosophischen Landschaft.

Die Welt der griechischen Mythologie

Die griechische Mythologie ist ein faszinierendes Geflecht aus Geschichten, Göttern und Helden, das tief in der Kultur und dem Bewusstsein des antiken Griechenlands verwurzelt ist. Diese Mythen, die über Jahrhunderte mündlich überliefert und schließlich schriftlich festgehalten wurden, bildeten das Rückgrat der griechischen Religion, Literatur und Kunst. Sie bieten nicht nur Einblicke in die Vorstellungen und Werte der alten Griechen, sondern auch in die universellen Themen der menschlichen Existenz, die bis heute relevant sind.

Die Entstehung und Struktur der Mythen

Die Ursprünge der griechischen Mythologie liegen im Dunkel der Frühgeschichte, doch ihre Geschichten wurden durch Dichter wie Homer und Hesiod in epischen Werken wie der ›Ilias‹, der ›Odyssee‹ und der ›Theogonie‹ festgehalten. Diese Erzählungen handeln von den Abenteuern und Konflikten der Götter und Helden, von der Schöpfung der Welt bis zu den großen Kriegen und der Gründung von Städten.

Die griechischen Mythen sind reich an Symbolik und Allegorie. Sie enthalten Erklärungen für natürliche Phänomene, gesellschaftliche Normen und moralische Dilemmata. Die Struktur der Mythen ist oft zyklisch, mit wiederkehrenden Themen wie Schöpfung, Zerstörung und Wiedergeburt, die das Weltbild der Griechen widerspiegeln.

Die Götter und ihre Welt

Im Zentrum der griechischen Mythologie steht das Pantheon der olympischen Götter, angeführt von Zeus, dem König der Götter. Jeder Gott und jede Göttin repräsentiert bestimmte Aspekte des Lebens und der Natur. Hera, die Gemahlin des Zeus, ist die Göttin der Ehe und Familie; Poseidon, der Gott des Meeres, herrscht über die Gewässer; Athene, die Göttin der Weisheit und Kriegsführung, symbolisiert kluge Strategie und Schutz.

Diese Götter sind nicht unfehlbar oder allwissend. Vielmehr sind sie in vielerlei Hinsicht menschlich, mit eigenen Schwächen, Leidenschaften und Konflikten. Ihre Geschichten sind geprägt von Liebe und Eifersucht, Ehrgeiz und Rache. Durch ihre menschlichen Eigenschaften sind die Götter den Menschen nahe, und ihre Geschichten dienen als Spiegel für menschliches Verhalten und als Lehrstücke für moralische Werte.

Helden und ihre Taten

Neben den Göttern spielen Helden eine zentrale Rolle in der griechischen Mythologie. Figuren wie Herakles, Theseus und Perseus verkörpern Mut, Stärke und Klugheit, oft gepaart mit tragischen Schwächen. Ihre Abenteuer und Prüfungen sind Geschichten von Heldentum und Opferbereitschaft, die den moralischen und ethischen Idealen der griechischen Gesellschaft Ausdruck verleihen.

Die Heldengeschichten sind oft auch Reisen der Selbstfindung. Die Helden durchlaufen Prüfungen, die ihre körperlichen und geistigen Grenzen testen, und kehren oft verändert und weiser zurück. Diese Erzählungen dienten nicht nur zur Unterhaltung, sondern auch als Inspiration und moralische Orientierung für die Zuhörer.

Die Rolle der Mythen in der antiken griechischen Gesellschaft
Die Mythen spielten eine zentrale Rolle im Alltag der antiken Griechen. Sie waren nicht nur Geschichten, sondern integrale Bestandteile des religiösen und kulturellen Lebens. Die Mythen erklärten die Ursprünge von Ritualen und Festen, gaben moralische Orientierung und stärkten das Gemeinschaftsgefühl.

Religiöse Rituale und Festlichkeiten waren oft eng mit den Mythen verbunden. Feste wie die Panathenäen zu Ehren der Göttin Athene oder die Dionysien zu Ehren des Dionysos waren Gelegenheiten, die Geschichten der Götter und Helden in Form von Theaterstücken, Gesängen und Prozessionen zu feiern. Diese Ereignisse stärkten das Gemeinschaftsgefühl und das kollektive Bewusstsein der Stadtstaaten.

Mythen dienten auch als Mittel zur Erklärung und Rechtfertigung gesellschaftlicher Strukturen und Normen. Sie boten Modelle für menschliches Verhalten und halfen, die Welt zu verstehen und zu ordnen. In den Erzählungen über die Götter und Helden fanden die Griechen Antworten auf grundlegende

Fragen des Lebens, wie die Entstehung der Welt, die Natur des Menschen und die Prinzipien von Recht und Unrecht.

Die Bedeutung der Mythen ging über die Religion hinaus. Sie waren ein wesentlicher Bestandteil der Erziehung und Bildung. Kinder lernten die Geschichten von Göttern und Helden von klein auf und internalisierten dadurch die kulturellen Werte und Normen ihrer Gesellschaft. Philosophen wie Platon und Aristoteles bezogen sich in ihren Schriften auf die Mythen, um philosophische Konzepte zu illustrieren und zu hinterfragen.

Mythen als Spiegel der menschlichen Natur

Ein Grund, warum die griechischen Mythen bis heute faszinieren, liegt in ihrer tiefen Verbindung zur menschlichen Natur. Die Geschichten von Göttern und Helden sind Erzählungen über Liebe, Macht, Eifersucht, Ehrgeiz und Leid – Themen, die zeitlos und universell sind. Die Mythen bieten Einblicke in die menschliche Psyche und die Dynamiken sozialer Beziehungen, die über kulturelle und historische Kontexte hinaus gültig sind.

Die Mythen zeigen die Ambivalenz menschlicher Existenz. Sie erzählen von den höchsten Idealen und den tiefsten Abgründen des menschlichen Handelns. In den Geschichten von Hybris und Nemesis, von Triumph und Tragödie, spiegeln sich die duale Natur des Menschen und die komplexen Wechselwirkungen von Schicksal und freiem Willen wider.

Die fortdauernde Relevanz der griechischen Mythologie

Die griechische Mythologie hat die westliche Kultur nachhaltig geprägt. Ihre Geschichten und Symbole finden sich in der Kunst, Literatur und Philosophie wieder. Sie haben Generationen von Schriftstellern, Künstlern und Denkern inspiriert und beeinflussen noch immer unser Verständnis von Erzählkunst und menschlicher Natur.

In der modernen Zeit werden die Mythen oft als Metaphern und Allegorien genutzt, um aktuelle Themen zu beleuchten. Die Geschichten von Prometheus und Pandora bieten Parallelen zu wissenschaftlichen und technologischen Entwicklungen, während die Erzählungen von Helden und Göttern weiterhin als Inspirationsquellen und moralische Leitbilder dienen.

Dieses Buch möchte die reiche Welt der griechischen Mythologie durch den Pandora-Mythos erlebbar machen. Es soll zeigen, wie tief diese alten Geschichten in unserer Kultur verankert sind und wie sie uns helfen können, die Komplexität und Vielschichtigkeit der menschlichen Existenz zu verstehen. Indem wir die Mythen der Vergangenheit erkunden, gewinnen wir neue Perspektiven auf die Herausforderungen und Möglichkeiten der Gegenwart und Zukunft.

Die Reise durch die griechische Mythologie ist eine Reise in die Tiefen der menschlichen Seele und in die Geschichte unserer Kultur. Sie eröffnet uns ein reiches Erbe an Weisheit und Erkenntnis, das bis heute nachhallt und uns auf unserem eigenen Weg begleiten kann.

Prometheus und das Feuer

Die Geschichte von Prometheus, einem der berühmtesten Titanen der griechischen Mythologie, ist eine packende Erzählung von Rebellion, Opfer und fortwährender Strafe. Prometheus, dessen Name ›der Vorausdenkende‹ bedeutet, ist eine komplexe Figur, die als Wohltäter der Menschheit verehrt wird. Durch seinen mutigen Diebstahl des göttlichen Feuers hat er den Menschen ein unermessliches Geschenk gemacht, das ihre Zivilisation und Entwicklung maßgeblich geprägt hat.

Die Geschichte von Prometheus

Prometheus war einer der Titanen, die die Erde vor den Olympischen Göttern bevölkerten. Obwohl die Titanen oft als Gegner der Götter dargestellt werden, hatte Prometheus eine besondere Beziehung zur Menschheit. Er galt als weitsichtig und mitfühlend, immer bestrebt, das Wohlergehen der Sterblichen zu fördern.

Die Legende besagt, dass Prometheus beim Aufstand der Titanen gegen Zeus und die anderen Olympischen Götter auf der Seite der Götter kämpfte. Trotz seiner Loyalität gegenüber Zeus war er enttäuscht über die Art und Weise, wie die Menschen von den Göttern behandelt wurden. Nach dem Sieg der Olympier über die Titanen, die Titanomachie, sah Prometheus die Menschheit in einem elenden Zustand, ohne Wissen, Kultur oder die Mittel, sich gegen die Naturgewalten zu behaupten.

Er entschied, dass es seine Aufgabe sei, den Menschen zu helfen und ihnen die notwendigen Werkzeuge für ihr Überleben zu geben.

Der Diebstahl des Feuers

Eines der bedeutendsten Geschenke, die Prometheus der Menschheit machte, war das Feuer. In der antiken griechischen Vorstellung war das Feuer nicht nur eine physische Ressource, sondern ein Symbol für Wissen, Technik und Zivilisation. Es war das Privileg der Götter, und den Menschen war es strikt untersagt, das Feuer zu nutzen.

Prometheus jedoch war entschlossen, dieses göttliche Privileg den Sterblichen zugänglich zu machen. In einer der bekanntesten Episoden der griechischen Mythologie stahl er das Feuer aus dem Olymp. In manchen Versionen der Geschichte verbarg er das Feuer in einem hohlen Stab oder einem Fenchelstängel, um es unbemerkt zu den Menschen zu bringen.

Der Diebstahl des Feuers war eine Tat von ungeheurer Kühnheit und Rebellion. Prometheus wusste, dass er damit den Zorn des Zeus auf sich ziehen würde, doch er sah darin eine notwendige Opfergabe für das Wohlergehen der Menschheit. Mit dem Feuer erhielten die Menschen die Fähigkeit, Nahrung zu kochen, sich vor Kälte zu schützen und Werkzeuge und Waffen zu schmieden – kurzum, die Grundlage für Zivilisation und Fortschritt.

Die Bedeutung des Feuers für die Menschheit

Die Einführung des Feuers markierte einen Wendepunkt in der menschlichen Geschichte. Es symbolisierte den Übergang von der Wildnis zur Zivilisation. Mit dem Feuer konnten die Menschen ihre Umwelt kontrollieren und gestalten, was zur Entwicklung von Gemeinschaften, Landwirtschaft und Technologie führte.

Das Feuer brachte nicht nur praktische Vorteile, sondern auch kulturelle und spirituelle Entwicklungen. In vielen Kulturen wurde das Feuer zum Mittelpunkt religiöser Rituale und Zeremonien. Es symbolisierte Reinheit, Transformation und Erneuerung. Das Feuer hatte die Kraft, das Rohe und Ungeformte in etwas Neues und Nützliches zu verwandeln, sei es durch das Kochen von Nahrung oder das Schmieden von Metallen.

In der Mythologie repräsentiert das Feuer auch das Streben nach Wissen und Erleuchtung. Es steht für die Fähigkeit des Menschen, sich über die rein instinktiven Bedürfnisse zu erheben und nach höherem Verständnis und Weisheit zu streben. Prometheus' Tat war daher nicht nur ein Akt des materiellen Gebens, sondern auch ein Symbol für die intellektuelle und spirituelle Befreiung der Menschheit.

Die Strafe des Prometheus

Zeus, der oberste Gott des Olymp, war über den Diebstahl des Feuers außer sich vor Wut. Er sah darin eine unerhörte

Herausforderung seiner Autorität und beschloss, Prometheus für seine Tat grausam zu bestrafen. Prometheus wurde gefangen genommen und an einen Felsen im Kaukasus geschmiedet, wo ein Adler täglich seine Leber fraß, die jede Nacht wieder nachwuchs. Diese ewige Qual war eine Warnung an alle, die es wagen könnten, die göttliche Ordnung in Frage zu stellen.

Doch selbst in seiner Strafe bleibt Prometheus eine Symbolfigur des Widerstands und der unerschütterlichen Hingabe an die Menschheit. Seine Qualen und sein ungebrochener Geist inspirierten viele Generationen von Dichtern, Künstlern und Philosophen. Er wurde zum Inbegriff des heroischen Opfers und der Rebellion gegen tyrannische Mächte.

Die kulturelle und philosophische Rezeption

Die Geschichte von Prometheus und dem Feuer hat über die Jahrhunderte hinweg eine tiefgreifende Wirkung auf die Kultur und das Denken der westlichen Welt gehabt. Dichter wie Aischylos haben seine Geschichte in Tragödien verewigt, während Philosophen wie Karl Marx und Friedrich Nietzsche ihn als Symbol für den menschlichen Fortschritt und die Herausforderung der etablierten Ordnung betrachteten.

In der modernen Zeit hat Prometheus eine neue Bedeutung als Sinnbild für wissenschaftliche und technologische Fortschritte erhalten. Seine Geschichte wird oft als Metapher für die Ambivalenz des Fortschritts verwendet: die großartigen Möglichkeiten, die das Wissen bietet, und die potenziellen Gefahren und ethischen Dilemmata, die damit einhergehen.

Die bleibende Bedeutung des Prometheus-Mythos

Die Erzählung von Prometheus und dem Feuer ist mehr als eine alte Geschichte; sie ist ein lebendiges und relevantes Narrativ, das die tiefsten Fragen der menschlichen Existenz berührt. Sie fordert uns auf, über die Natur des Wissens, die Grenzen der Macht und die Verantwortung, die mit dem Fortschritt einhergeht, nachzudenken.

Prometheus' Vermächtnis ist die Erinnerung daran, dass die Suche nach Wissen und Verbesserung stets ein zweischneidiges Schwert ist. Sie bringt sowohl Licht als auch Schatten, und es liegt an uns, mit Weisheit und Bedacht zu handeln. Durch die Linse der Prometheus-Geschichte können wir die komplexen Herausforderungen unserer modernen Welt besser verstehen und die Balance zwischen Fortschritt und Ethik, Macht und Verantwortung finden.

Mit dem Diebstahl des Feuers hat Prometheus der Menschheit nicht nur ein praktisches Werkzeug, sondern auch eine tiefere philosophische Frage hinterlassen: Wie nutzen wir das Wissen und die Macht, die wir besitzen, um das Beste aus uns und unserer Welt zu machen? Diese Frage bleibt zentral, nicht nur in der Betrachtung der antiken Mythen, sondern auch in unserer modernen Auseinandersetzung mit Wissenschaft, Technologie und gesellschaftlicher Entwicklung.

Zeus' Rache: Der Plan zur Erschaffung Pandoras

Die Geschichte von Prometheus und dem gestohlenen Feuer hinterließ Zeus in einem Zustand großer Wut und Besorgnis. Der Göttervater sah in der Tat des Prometheus eine dreiste Herausforderung seiner Autorität und eine Bedrohung der göttlichen Ordnung. Die Menschheit, die nun im Besitz des göttlichen Feuers war, hatte einen Schritt gemacht, der sie der göttlichen Macht näherbrachte. Zeus beschloss, dass diese Anmaßung nicht ungestraft bleiben durfte. So begann der Plan, der die Welt für immer verändern sollte: die Erschaffung Pandoras.

Der Zorn des Zeus

Zeus, der Herrscher des Olymp, war nicht nur ein mächtiger Gott, sondern auch einer, der seine Macht und Autorität rigoros verteidigte. Die Tat des Prometheus, der das Feuer den Menschen brachte, war nicht nur eine Verletzung des göttlichen Gesetzes, sondern auch eine direkte Beleidigung für Zeus. Die Menschen, die durch das Feuer nun in der Lage waren, ihre Umwelt zu kontrollieren und sich weiterzuentwickeln, wurden als potenzielle Bedrohung für die göttliche Vorherrschaft angesehen.

Zeus' Zorn war tief und sein Entschluss zur Vergeltung unerbittlich. Er plante eine Strafe, die sowohl Prometheus als auch die gesamte Menschheit treffen sollte. Während Prometheus an den Felsen des Kaukasus geschmiedet wurde, entschied Zeus, den Menschen ein Geschenk zu machen – ein Geschenk, das sich als Fluch erweisen sollte. Dieses Geschenk war Pandora, die erste Frau, deren Erschaffung und Eigenschaften sorgfältig durchdacht und geplant wurden, um größtmögliches Unheil zu stiften.

Die Planung der Rache

Um seinen Plan in die Tat umzusetzen, berief Zeus die Götter des Olymp zu einer Versammlung. Jeder Gott und jede Göttin sollte einen Beitrag zur Erschaffung dieses außergewöhnlichen Wesens leisten. Die Aufgabe war klar: Pandora sollte schön, aber zugleich gefährlich sein, eine unwiderstehliche Verlockung und eine Quelle unzähliger Übel.

Zeus wandte sich zuerst an Hephaistos, den göttlichen Schmied und Handwerker, und beauftragte ihn, die erste Frau aus Erde und Wasser zu formen. Hephaistos, bekannt für seine meisterhaften Fähigkeiten, schuf eine Gestalt von unvergleichlicher Schönheit. Sie war perfekt und anmutig, ein Werk göttlicher Kunstfertigkeit.

Aphrodite, die Göttin der Liebe und Schönheit, gab Pandora Anmut und unwiderstehliche Reize. Sie verlieh ihr eine Ausstrahlung, die jeden, der sie erblickte, in ihren Bann zog. Hermes, der Götterbote und Gott der List, schenkte Pandora eine scharfe Zunge und die Fähigkeit zu überreden und zu täuschen. Sie war nicht nur schön, sondern auch klug und gerissen, ausgestattet mit einer gefährlichen Mischung aus Verführung und Scharfsinn.

Athene, die Göttin der Weisheit und des Handwerks, unterwies Pandora in den häuslichen Künsten. Sie lehrte sie weben und nähen, Fähigkeiten, die Pandora zu einer perfekten Gefährtin und Hausfrau machten. Diese Tugenden sollten jedoch nur den äußeren Schein wahren, denn tief in ihrem Inneren trug sie das Potenzial zur Zerstörung.

Pandoras Bestimmung

Nachdem Pandora geschaffen und mit allen Gaben der Götter ausgestattet war, blieb noch eine letzte, entscheidende Zutat: die Büchse, die all die Übel der Welt enthalten sollte. Zeus überreichte Pandora eine wunderschöne, verzierte Büchse mit der strikten Anweisung, sie niemals zu öffnen. In dieser Büchse waren alle Plagen und Leiden der Menschheit eingeschlossen – Krankheiten, Elend, Sorgen und Tod. Doch auch die Hoffnung, eine winzige, aber unverwüstliche Flamme, fand darin ihren Platz.

Mit Pandora und ihrer verlockenden Büchse bewaffnet, sandte Zeus sie als Geschenk zu Epimetheus, dem Bruder des Prometheus. Epimetheus, dessen Name ›der Nachdenkliche‹ bedeutet, war im Gegensatz zu seinem vorausschauenden Bruder eher impulsiv und wenig weitsichtig. Trotz Prometheus' Warnung, keine Geschenke von Zeus anzunehmen, ließ sich Epimetheus von Pandoras Schönheit und Anmut blenden und nahm sie freudig auf.

Pandora wurde zur ersten Frau unter den Menschen und brachte damit die göttliche Rache in die Welt. Ihre Neugier, die ihr von Hermes mitgegeben wurde, war unerträglich. Sie konnte die Büchse nicht ignorieren. Schließlich gab sie nach und öffnete sie, womit sie alle darin eingeschlossenen Übel in die Welt entließ. Krankheiten, Sorgen und Tod strömten heraus und verbreiteten sich über die Menschheit, die bis dahin in einem Zustand des Friedens und Wohlstands gelebt hatte.

Die Bedeutung der Büchse

Die Erschaffung Pandoras und die Öffnung der Büchse markierten einen dramatischen Wendepunkt in der Geschichte der Menschheit. Die Büchse, die ursprünglich ein Symbol göttlichen Segens schien, erwies sich als Quelle allen Übels. Doch tief in dieser Tragödie lag auch ein Funken Hoffnung verborgen. Am Boden der Büchse, nachdem alle Übel entkommen waren, blieb die Hoffnung zurück. Dieser winzige, aber entscheidende Rest sollte den Menschen Mut und Ausdauer schenken, selbst angesichts größter Widrigkeiten.

Pandora selbst wurde zu einer ambivalenten Figur, die sowohl als Opfer göttlicher Intrigen als auch als Urheberin menschlichen Leids gesehen werden kann. Ihre Geschichte zeigt die Doppelzüngigkeit der Geschenke und Strafen der Götter und die unvorhersehbaren Folgen göttlicher Eingriffe in die menschliche Welt.

Die philosophische und kulturelle Resonanz

Die Erzählung von Pandoras Erschaffung und der Öffnung ihrer Büchse hat tiefgreifende philosophische und kulturelle Implikationen. Sie spiegelt die Ambivalenz der menschlichen Natur wider, die Fähigkeit zu großem Mitgefühl und Kreativität, aber auch zu Zerstörung und Leid. Die Geschichte wirft Fragen auf über die Rolle der Götter, die Natur des Bösen und die Hoffnung als unzerstörbares Element des menschlichen Geistes.

In der Philosophie und Literatur wurde Pandoras Geschichte oft als Allegorie für die menschliche Neugier und den unstillbaren Durst nach Wissen interpretiert. Diese Neugier kann sowohl Segen als auch Fluch sein, da sie die Tür zu unermesslichen Möglichkeiten und zugleich zu unvorhersehbaren Gefahren öffnet. Die Geschichte von Pandora erinnert uns daran, dass Wissen und Macht immer mit Verantwortung und Vorsicht einhergehen müssen.

Die Relevanz für die moderne Zeit

In der modernen Zeit behält die Erzählung von Pandora und ihrer Büchse ihre Relevanz. Sie dient als Metapher für die ethischen und moralischen Dilemmata, die mit wissenschaftlichem und technologischem Fortschritt einhergehen. Wie Pandora stehen wir oft vor verschlossenen Büchsen, die unermessliche Möglichkeiten und unbekannte Risiken bergen. Die Geschichte

ermahnt uns, weise und verantwortungsvoll mit dem umzugehen, was wir entdecken und erschaffen.

Pandoras Büchse ist auch ein Symbol für die unausweichliche
Präsenz des Unvorhersehbaren im menschlichen Leben. Trotz
aller Bemühungen, Kontrolle und Sicherheit zu erlangen, bleibt
immer ein Element des Unbekannten und des Potenziell Gefährlichen. Doch inmitten all dieses Potentials für Leid bleibt
die Hoffnung – ein unverzichtbarer Bestandteil des menschlichen Überlebens und Fortschritts.

Durch die Linse der griechischen Mythologie und die Geschichte von Pandoras Erschaffung und ihrem verhängnisvollen Akt bietet dieses Kapitel einen tiefen Einblick in die komplexen Wechselwirkungen zwischen göttlicher Macht und
menschlichem Schicksal. Es lädt uns ein, die Lektionen aus
diesen uralten Geschichten zu reflektieren und auf unsere eigenen Herausforderungen und Möglichkeiten anzuwenden.

Die Erschaffung Pandoras

Die Geschichte von Pandora beginnt mit einem Akt göttlicher Schöpfung, der die Fähigkeiten und Kräfte der Götter des Olymp vereint. Sie war eine Schöpfung des Hephaistos, dem göttlichen Schmied, und wurde mit den unterschiedlichsten Gaben der olympischen Gottheiten ausgestattet. Dieser Akt der Schöpfung war nicht nur ein Kunstwerk, sondern auch ein sorgfältig geplanter Racheakt gegen die Menschheit und Prometheus, der das Feuer gestohlen hatte.

Hephaistos und die Schöpfung aus Lehm

Hephaistos, der Gott des Feuers und der Schmiedekunst, war bekannt für seine herausragenden handwerklichen Fähigkeiten. Er war der Handwerker der Götter, dessen Werke von unvergleichlicher Schönheit und Präzision waren. Unter Zeus' Befehl machte sich Hephaistos daran, ein Wesen zu schaffen, das die Menschheit sowohl bezaubern als auch ins Verderben stürzen würde.

Aus Lehm formte Hephaistos die erste Frau. Der Lehm, ein Symbol für die Erde und das Vergängliche, wurde unter seinen geschickten Händen zu einer Gestalt von außergewöhnlicher Anmut und Schönheit. Jeder Aspekt von Pandoras Erscheinung wurde mit größter Sorgfalt gestaltet. Ihre Haut war glatt und makellos, ihr Haar schimmerte wie Gold, und ihre Augen strahlten eine hypnotische Anziehungskraft aus. Sie war ein

Meisterwerk der göttlichen Kunstfertigkeit, so lebendig und vollkommen, dass sie kaum von einem lebendigen Wesen zu unterscheiden war.

Die Gaben der Götter

Nachdem Hephaistos Pandoras Körper vollendet hatte, wurde sie von den anderen Göttern des Olymp mit verschiedenen Gaben ausgestattet. Diese Gaben sollten sie nicht nur vollkommen erscheinen lassen, sondern auch ihre Bestimmung erfüllen, Unheil über die Menschheit zu bringen.

Aphrodite, die Göttin der Liebe und Schönheit, verlieh Pandora eine unwiderstehliche Anmut und Verführungskraft. Mit jedem ihrer Schritte, jedem Lächeln und jedem Blick sollte sie eine unwiderstehliche Anziehung auf alle, die sie sahen, ausüben. Aphrodite sorgte dafür, dass Pandora ein Wesen der vollendeten Schönheit war, das die Herzen der Menschen in Aufruhr versetzen würde.

Hermes, der listige Götterbote, stattete Pandora mit einer scharfen Zunge und der Fähigkeit zu überreden und zu täuschen aus. Er schenkte ihr die Kunst der Rede und die Fähigkeit, mit Worten zu verführen und zu manipulieren. Diese Gabe machte sie nicht nur charmant, sondern auch gefährlich, da sie in der Lage war, die Gedanken und Handlungen der Menschen zu beeinflussen.

Athene, die Göttin der Weisheit und des Handwerks, lehrte Pandora die häuslichen Künste. Sie gab ihr Wissen über Weben und Nähen und machte sie zu einer perfekten Hausfrau. Diese Gaben sollten Pandora als ideale Gefährtin erscheinen lassen, eine Frau, die sowohl schön als auch nützlich war, und damit alle Warnungen und Misstrauen zerstreuen.

Hera, die Götterkönigin und Beschützerin der Ehe, schenkte Pandora Neugierde und den Wunsch nach Wissen. Diese Neugierde sollte letztlich der Auslöser für das große Unheil sein, das sie über die Menschheit bringen würde. Pandoras Neugierde war eine entscheidende Zutat, die sicherstellte, dass sie die Büchse öffnen und die darin eingeschlossenen Übel freisetzen würde.

Zusätzlich erhielt Pandora von den anderen Göttern verschiedene weitere Gaben, die sie zu einer perfekten Mischung aus Tugenden und Tücken machten. Jede Gabe trug dazu bei, dass sie sowohl anziehend als auch unberechenbar war, ein Wesen, das die Menschen faszinieren und gleichzeitig ins Unglück stürzen würde.

Die Fertigstellung und Übergabe

Nachdem alle Götter ihre Gaben beigesteuert hatten, war Pandora vollendet. Sie war die Verkörperung der göttlichen Macht und Schönheit, aber auch ein Instrument des Unheils. Zeus selbst überreichte ihr die berühmte Büchse, die alle Übel der Welt enthielt, mit der strikten Anweisung, sie niemals zu öffnen. Diese Büchse war das letzte Element in seinem Plan, die Menschheit für den Diebstahl des Feuers durch Prometheus zu bestrafen.

Pandora wurde dann von den Göttern zu Epimetheus, dem Bruder des Prometheus, geschickt. Trotz der Warnungen seines Bruders, keine Geschenke von Zeus anzunehmen, konnte Epimetheus der Schönheit und Anmut Pandoras nicht widerstehen und nahm sie als seine Gefährtin an. Ihre Ankunft bei den Menschen war der Beginn eines neuen Kapitels in der menschlichen Geschichte, ein Kapitel, das von Leiden, aber auch von Hoffnung geprägt sein würde.

Die symbolische Bedeutung

Die Erschaffung Pandoras und die Gaben der Götter an sie sind reich an symbolischer Bedeutung. Sie repräsentiert die Ambivalenz der Götter, die Fähigkeit, sowohl Segen als auch Fluch zu bringen. Pandoras Schönheit und ihre gefährlichen Gaben spiegeln die Komplexität der menschlichen Existenz wider, in der das Schöne und das Gefährliche oft untrennbar miteinander verbunden sind.

Hephaistos' Schöpfung aus Lehm erinnert uns an die Vergänglichkeit und Zerbrechlichkeit des menschlichen Lebens. Die Gaben der Götter zeigen, dass Fähigkeiten und Talente immer auch eine Kehrseite haben, dass Verführung und Weisheit, Neugierde und List sowohl zu Fortschritt als auch zu Zerstörung führen können.

Pandora selbst steht als Symbol für die unergründlichen Wege des Schicksals und die Unvorhersehbarkeit des menschlichen Lebens. Ihre Geschichte ist eine Mahnung, dass in jeder Gabe, in jedem Segen, auch das Potenzial für Unheil liegt, und dass die Suche nach Wissen und Verstehen stets mit Vorsicht und Demut erfolgen sollte.

Durch die Erschaffung Pandoras wird deutlich, wie tief die alten Mythen in die grundlegenden Fragen der menschlichen Existenz und der Beziehung zwischen Mensch und Gottheit eindringen. Ihre Geschichte bleibt eine zeitlose Erzählung über Schönheit und Gefahr, über göttliche Macht und menschliche Schwäche, und über die untrennbare Verbindung von Segen und Fluch in der menschlichen Erfahrung.

Pandora: Die erste Frau

Pandora, die erste Frau der griechischen Mythologie, ist eine Figur von tiefgreifender symbolischer Bedeutung und kultureller Resonanz. Ihre Erschaffung und die darauffolgenden Ereignisse haben nicht nur eine zentrale Rolle in der griechischen Mythologie, sondern bieten auch faszinierende Parallelen zu anderen Schöpfungsgeschichten aus verschiedenen Kulturen. Durch die Untersuchung von Pandoras Bedeutung und einem Vergleich mit anderen Erzählungen über die Erschaffung des Menschen wird deutlich, wie tief verwurzelt diese Mythen in den menschlichen Vorstellungen von Ursprung, Sünde und Erlösung sind.

Die Bedeutung Pandoras als erste Frau

Pandora wurde von den Göttern des Olymps geschaffen, nicht als ein einfaches Geschenk, sondern als ein raffiniertes Werkzeug der Rache. Nach dem Diebstahl des Feuers durch Prometheus entschied Zeus, die Menschheit durch die Einführung eines neuen, verführerischen und zugleich gefährlichen Elements zu bestrafen. Pandora war dieses Element. Ihre Erschaffung aus Lehm durch Hephaistos und die anschließende Ausstattung mit Gaben der verschiedenen Götter machten sie zu einer einzigartigen und komplexen Figur.

Pandoras Rolle als erste Frau ist doppeldeutig. Einerseits repräsentiert sie die Schönheit und Anziehungskraft, die die menschliche Zivilisation bereichern. Andererseits bringt sie durch ihre Neugier und die Öffnung der berühmten Büchse unendliches Leid über die Menschheit. Diese Ambivalenz spiegelt die alte griechische Auffassung von Frauen als zugleich lebensspendend und gefährlich wider.

Die Gaben, die Pandora von den Göttern erhielt – Schönheit, List, Neugier und die Fähigkeit zu verführen – machten sie zu einem Instrument göttlicher Rache, aber auch zu einem Symbol der menschlichen Natur selbst. Die Gaben waren nicht nur Flüche, sondern auch Segnungen, die den Menschen die Komplexität und die Herausforderungen des Lebens bewusst machten. Die Tatsache, dass Pandora die Büchse öffnete und die Übel freisetzte, zeigt die Unvermeidlichkeit menschlicher Fehler und die tief verankerte Neugier, die zur Weiterentwicklung und zum Fortschritt führt, aber auch zu Schmerz und Leid.

Vergleich mit anderen Schöpfungsgeschichten

Pandoras Geschichte findet interessante Parallelen in anderen Kulturen und deren Schöpfungserzählungen. Eine der bekanntesten ist die biblische Geschichte von Adam und Eva aus dem Buch Genesis. Eva, die aus Adams Rippe geschaffen wurde, gilt ebenfalls als die erste Frau und wird in der Erzählung als diejenige dargestellt, die durch ihre Neugier und das Essen der verbotenen Frucht die Menschheit in das Bewusstsein von Gut und Böse und damit in die Sünde führt.

Ähnlich wie Pandora ist Eva sowohl eine Quelle des Lebens als auch des Unheils. Ihr Akt des Ungehorsams führt zur Vertreibung aus dem Paradies und bringt Leid und Tod in die Welt. Doch gleichzeitig ermöglicht dieser Akt den Menschen, Wissen und Bewusstsein zu erlangen, was sie von den Tieren unterscheidet und ihnen die Fähigkeit zur moralischen Reflexion gibt.

In der mesopotamischen Mythologie gibt es die Figur der Ninti, die ›Herrin des Lebens‹, die ebenfalls aus einem Teil des männlichen Gottes Enki geschaffen wurde, um Leben zu bringen und Heilung zu ermöglichen. Diese Erzählung betont die lebensspendende Kraft der Frau, ähnlich wie Pandora in der griechischen Mythologie als Lebensbringerin erscheint, aber auch als Ursache von Chaos und Leid.

Auch in der hinduistischen Mythologie findet man Parallelen. Die Göttin Saraswati, die Göttin des Wissens und der Weisheit, ist eine Figur, die die Menschen inspiriert und ihnen die Fähigkeit zur Schöpfung und zum Lernen gibt. Wie Pandora bringt auch Saraswati sowohl Segen als auch die Bürde des Wissens, das zu Verantwortung und manchmal zu Leid führt.

Symbolik und kulturelle Reflexion

Die Schöpfungsgeschichten und die Rolle der ersten Frau in diesen Mythen spiegeln tiefere kulturelle und psychologische Wahrheiten wider. Pandora und ihre Parallelen in anderen Kulturen verkörpern die Ambivalenz des weiblichen Prinzips, das Leben schenkt, aber auch Herausforderungen und Leiden mit sich bringt. Diese Figuren zeigen die Dualität des menschlichen

Daseins – die Fähigkeit zu großem Gut und unermesslichem Leid, zu Schöpfung und Zerstörung.

Pandora als erste Frau ist nicht nur ein Symbol für die Einführung des Leides, sondern auch für die Hoffnung. Die Tatsache, dass Hoffnung in der Büchse verbleibt, nachdem die Übel entflohen sind, zeigt, dass selbst in den dunkelsten Zeiten immer ein Funke des Guten vorhanden bleibt. Diese Hoffnung ist es, die die Menschheit vorantreibt, trotz aller Schwierigkeiten und Rückschläge.

Die vergleichende Betrachtung der Schöpfungsgeschichten verdeutlicht auch die universellen Themen und Fragen, die die Menschheit seit jeher beschäftigen: die Ursprünge des Lebens, die Natur des Guten und Bösen, und die Rolle des Wissens und der Neugier. Pandora und ihre mythologischen Schwestern sind Spiegelbilder der menschlichen Seele, die die ewige Suche nach Sinn und Verstehen repräsentieren.

Die Rolle der Mythen in der modernen Zeit

Auch in der modernen Zeit haben die Geschichten von Pandora und anderen ersten Frauen ihre Relevanz nicht verloren. Sie werden oft als Metaphern für die Herausforderungen der modernen Gesellschaft und die moralischen Dilemmata, vor denen wir stehen, verwendet. In einer Welt, die von wissenschaftlichen und technologischen Fortschritten geprägt ist, bleibt die Frage nach den Konsequenzen unseres Handelns und der Balance zwischen Wissen und Weisheit zentral.

Pandora erinnert uns daran, dass jede Errungenschaft und jedes Wissen auch Verantwortung und mögliche Gefahren mit sich bringt. Ihre Geschichte ermahnt uns zur Vorsicht und zur Reflexion über die möglichen Auswirkungen unserer Handlungen, während sie gleichzeitig die unzerstörbare Hoffnung symbolisiert, die den menschlichen Geist beflügelt.

Durch die Linse dieser alten Mythen können wir tiefere Einsichten in unsere eigene Natur und die Herausforderungen unserer Zeit gewinnen. Pandoras Geschichte, ebenso wie die Geschichten von Eva, Ninti und Saraswati, bietet eine reiche Quelle der Reflexion und des Verständnisses, die weit über ihre antiken Ursprünge hinausreicht und uns heute noch inspiriert und lehrt.

Die Hochzeit mit Epimetheus

Die Geschichte von Pandora nimmt eine entscheidende Wendung mit ihrer Hochzeit mit Epimetheus, dem Bruder des vorausschauenden Titanen Prometheus. Diese Verbindung, die von den Göttern sorgfältig geplant und orchestriert wurde, ist von zentraler Bedeutung für das weitere Schicksal der Menschheit. Durch die Vereinigung von Pandora und Epimetheus wurden die Weichen für die Entfaltung der Geschehnisse gestellt, die in der Öffnung der berühmten Büchse und der Freisetzung aller Übel münden sollten. Diese Episode beleuchtet die komplexen Beziehungen zwischen den Göttern und den Sterblichen sowie die tiefen symbolischen Bedeutungen, die in der griechischen Mythologie verankert sind.

Epimetheus: Der Nachdenkliche

Epimetheus, dessen Name ›der Nachdenkende‹ oder ›der Nachsinnende‹ bedeutet, ist eine faszinierende Figur der griechischen Mythologie. Im Gegensatz zu seinem Bruder Prometheus, dessen Name ›der Vorausschauende‹ bedeutet und der für seine Weisheit und Weitsicht bekannt war, handelte Epimetheus oft impulsiv und ohne die Konsequenzen seiner Handlungen zu bedenken. Diese Gegensätzlichkeit zwischen den Brüdern symbolisiert die duale Natur des menschlichen Denkens: das Streben nach Erkenntnis und Vorsicht einerseits, und das impulsive, nachträgliche Denken andererseits.

Zeus wusste um die impulsive Natur von Epimetheus und erkannte darin eine Gelegenheit, seine Rache an Prometheus und der Menschheit zu vollenden. Er war sich sicher, dass Epimetheus die Warnungen seines Bruders in den Wind schlagen und Pandora akzeptieren würde. Und tatsächlich, trotz aller Warnungen von Prometheus, keine Geschenke von den Göttern anzunehmen, konnte Epimetheus der Schönheit und Anmut Pandoras nicht widerstehen.

Die Begegnung und Hochzeit

Pandora wurde von den Göttern in die Welt der Sterblichen gesandt, ausgestattet mit einer unwiderstehlichen Anziehungskraft, die Epimetheus sofort in ihren Bann zog. Ihre Schönheit, Anmut und die von den Göttern verliehenen Gaben machten sie zu einer Figur von betörender Faszination. Epimetheus, überwältigt von ihrer Präsenz und ohne die Folgen zu bedenken, nahm Pandora als seine Frau.

Die Hochzeit von Pandora und Epimetheus war nicht nur eine Vereinigung zweier Individuen, sondern auch ein symbolischer Akt, der die Verbindung zwischen Göttern und Menschen verkörperte. Durch diese Hochzeit wurde die Schöpfung Pandoras als Instrument des göttlichen Plans vollendet. Die Götter, die Pandora erschaffen hatten, sahen ihren Plan aufgehen: Die Menschheit würde nun die Konsequenzen von Prometheus' Ungehorsam tragen.

Die Bedeutung der Verbindung

Die Ehe von Pandora und Epimetheus ist von großer Bedeutung für die weitere Entwicklung der Geschichte. Sie markiert den Übergang von der Theorie zur Praxis, von der bloßen Existenz der Büchse der Pandora zu ihrer tatsächlichen Öffnung und den Folgen, die daraus resultieren. Epimetheus' Unvorsichtigkeit und Pandoras Neugierde führten direkt zu der Katastrophe, die die Menschheit heimsuchen sollte.

Diese Vereinigung zeigt auch die Macht der Götter über das Schicksal der Menschen. Trotz der Warnungen und der Bemühungen von Prometheus, die Menschen vor den Konsequenzen des göttlichen Zorns zu schützen, konnte die List von Zeus und die Verführungskraft von Pandora den Verlauf der Ereignisse bestimmen. Dies unterstreicht die Vorstellung in der griechischen Mythologie, dass die Götter letztlich die Fäden des Schicksals in der Hand halten und die Menschen oft Spielball ihrer Launen und Rachegelüste sind.

Symbolik und tiefere Bedeutungen

Die Hochzeit von Pandora und Epimetheus kann als Metapher für die menschliche Bedingung und die Beziehung zwischen Erkenntnis und Konsequenz gesehen werden. Epimetheus repräsentiert den Teil der menschlichen Natur, der nachträglich reflektiert und oft zu spät die Folgen seiner Handlungen erkennt. Pandora verkörpert die Verlockung und die Gefahr des Unbekannten, die Neugierde, die sowohl Fortschritt als auch Zerstörung bringen kann.

Ihre Verbindung zeigt auch die Dualität von Gut und Böse, die in jedem menschlichen Streben nach Wissen und Erkenntnis liegt. Die Geschichte von Pandora und Epimetheus erinnert daran, dass jede Entdeckung, jede neue Erkenntnis, immer auch das Potenzial für unerwünschte Konsequenzen birgt. In dieser Hinsicht ist die Geschichte eine Warnung und zugleich eine Reflexion über die Natur des menschlichen Fortschritts und die damit verbundenen Risiken.

Die Folgen der Hochzeit

Nach ihrer Hochzeit lebten Pandora und Epimetheus zunächst glücklich zusammen. Doch die Anwesenheit der mysteriösen Büchse, die Pandora von den Göttern erhalten hatte, wurde zu einer Quelle ständiger Faszination und Neugierde für Pandora. Ihre Gaben, insbesondere die von Hermes verliehene List und die von Hera eingepflanzte Neugier, trieben sie schließlich dazu, die verhängnisvolle Entscheidung zu treffen, die Büchse zu öffnen.

Die Öffnung der Büchse und die Freisetzung der darin enthaltenen Übel brachte unermessliches Leid über die Menschheit. Krankheiten, Leid und Tod breiteten sich aus, und die Welt war fortan ein Ort des Schmerzes und der Herausforderung. Doch inmitten all dieser Übel blieb die Hoffnung in der Büchse zurück, ein Symbol dafür, dass trotz aller Widrigkeiten und des unermesslichen Leids, das die Menschheit erdulden muss, immer ein Funken Hoffnung und die Möglichkeit zur Erlösung bestehen.

Diese Episode zeigt die Komplexität und Tiefe der griechischen Mythen, die nicht nur als einfache Geschichten, sondern als tiefgründige Reflexionen über die menschliche Natur und das Schicksal verstanden werden können. Die Hochzeit von Pandora und Epimetheus ist ein zentraler Moment in dieser Erzählung, der die Weichen für die folgenden Ereignisse stellt und uns bis heute lehrt, über die Konsequenzen unserer Handlungen und die unvermeidlichen Herausforderungen des Lebens nachzudenken.

Das Geschenk der Götter: Die Büchse

Die Erzählung der Büchse der Pandora, eine der faszinierendsten und symbolträchtigsten Geschichten der griechischen Mythologie, dreht sich um ein scheinbar harmloses Gefäß, das von den Göttern der Pandora als Hochzeitsgeschenk überreicht wurde. Dieses Kapitel widmet sich der detaillierten Beschreibung der Büchse und den spezifischen Anweisungen und Warnungen, die Pandora erhielt, um die tiefere Bedeutung dieses mythischen Objekts und die Folgen seiner Öffnung zu beleuchten.

Die Büchse: Ein göttliches Artefakt

Das Gefäß, das Pandora überreicht wurde, wird in verschiedenen Quellen als Büchse oder Krug beschrieben. In der ursprünglichen griechischen Version der Geschichte ist von einem Pithos die Rede, einem großen, bauchigen Vorratskrug aus Ton, der in der Antike weit verbreitet war. Der Begriff ›Büchse der Pandora‹ stammt aus einer Fehlübersetzung des Renaissance-Humanisten Erasmus von Rotterdam, der das griechische Wort ›Pithos‹ mit ›Pyxis‹ (Büchse) verwechselte. Unabhängig von der genauen Form des Gefäßes ist dessen Inhalt und die Bedeutung für die Menschheit von entscheidender Wichtigkeit.

Die Büchse selbst war kein gewöhnlicher Gegenstand. Sie wurde von den Göttern sorgfältig vorbereitet und mit einem verhängnisvollen Inhalt gefüllt, der die Menschheit für immer verändern sollte. Die äußere Erscheinung der Büchse war ansprechend und elegant, ein Kunstwerk, das die göttliche Herkunft und die List, die hinter ihrer Schaffung steckte, widerspiegelte. Verziert mit aufwendigen Mustern und Symbolen, strahlte sie eine geheimnisvolle Aura aus, die sowohl Anziehungskraft als auch Vorsicht hervorrief.

Die Anweisungen an Pandora

Als Zeus beschloss, die Menschheit für den Frevel des Prometheus zu bestrafen, übergab er die Büchse an Pandora mit klaren Anweisungen und strikten Warnungen. Die Götter, die die Büchse überreichten, betonten die Bedeutung der Einhaltung dieser Anweisungen. Insbesondere wurde Pandora angewiesen, die Büchse niemals zu öffnen, da sie unermessliches Leid über die Welt bringen würde.

Die Warnungen, die Pandora erhielt, dienten nicht nur als Schutzmaßnahme, sondern auch als psychologisches Instrument. Die Betonung der Gefährlichkeit und des Verbots erhöhte die Neugier und Spannung, die Pandora empfand. Diese Anweisungen spiegeln die menschliche Natur wider, die oft von Verboten und der Neugier auf das Unbekannte angezogen wird. Pandora, ausgestattet mit den Gaben der Götter, darunter auch Neugier und List, stand somit vor einer Prüfung ihrer Willenskraft und ihres Gehorsams.

Der Inhalt der Büchse

Die Büchse enthielt alle Übel der Welt, die bis zu ihrer Öffnung fest eingeschlossen blieben. Diese Übel umfassten Krankheiten, Leiden, Tod und zahlreiche andere Plagen, die das menschliche Dasein erschweren und das Paradies der sorglosen Existenz zerstören sollten. Die Entscheidung der Götter, diese Übel in einem einzigen Gefäß zu versammeln und Pandora zu übergeben, war ein raffinierter Schachzug in ihrem Plan, die Menschen für den Akt des Prometheus zu bestrafen.

In einigen Interpretationen wird angenommen, dass die Büchse auch positive Elemente wie Hoffnung enthielt. Diese Hoffnung sollte den Menschen die Kraft geben, trotz aller Widrigkeiten weiterzumachen und nicht in völliger Verzweiflung zu versinken. Doch zunächst war diese Hoffnung ebenfalls in der Büchse gefangen und konnte nur durch die Öffnung freigesetzt werden.

Die Symbolik der Büchse

Die Büchse der Pandora ist weit mehr als ein einfaches mythologisches Artefakt. Sie symbolisiert die Unvorhersehbarkeit des menschlichen Lebens und die unvermeidlichen Herausforderungen und Leiden, die es mit sich bringt. Sie steht für die unstillbare menschliche Neugier und den Drang, das Unbekannte zu erforschen, selbst wenn dies Gefahren birgt.

Pandoras Entscheidung, die Büchse zu öffnen, ist ein zentraler Moment in der Mythologie und ein Symbol für den Verlust der Unschuld und das Erwachen der Menschheit zu einer Realität voller Schmerzen und Prüfungen. Die Geschichte lehrt, dass Wissen und Neugierde oft mit Risiken verbunden sind und dass die Konsequenzen unserer Handlungen weitreichend und unwiderruflich sein können.

Die Warnungen und ihre Bedeutung

Die strikten Warnungen der Götter sollten Pandora und die Menschheit vor den schrecklichen Konsequenzen bewahren. Doch in diesen Warnungen liegt auch eine tiefergehende Ironie. Sie verstärken Pandoras Neugier und machen die Büchse zu einem verbotenen Schatz, dessen Geheimnis sie zu ergründen versucht. Diese Dynamik zwischen Verbot und Verlockung ist ein zentraler Aspekt der menschlichen Natur und wird in zahlreichen Mythen und Geschichten weltweit thematisiert.

Die Warnungen sind auch ein Mittel, um die Macht und den Einfluss der Götter zu unterstreichen. Sie zeigen, dass die Götter die Geschicke der Menschen lenken und dass trotz menschlicher Versuche, das Schicksal zu kontrollieren, die göttliche Vorsehung letztlich triumphiert. Pandoras Versagen, den Anweisungen zu folgen, zeigt die Unvermeidlichkeit menschlicher Fehler und die Begrenztheit menschlicher Erkenntnis und Selbstbeherrschung.

Die Konsequenzen der Öffnung

Die Öffnung der Büchse durch Pandora setzte eine Kaskade von Ereignissen in Gang, die die Welt und die Menschheit für immer veränderten. Die Übel, die aus der Büchse entkamen, verbreiteten sich unaufhaltsam und brachten unendliches Leid. Doch gleichzeitig blieb die Hoffnung, das letzte Element in der Büchse, zurück. Dies zeigt, dass selbst in den dunkelsten Zeiten immer ein Funken des Guten existiert, der die Menschheit antreibt, trotz aller Widrigkeiten weiterzumachen.

Die Geschichte der Büchse der Pandora lehrt uns, dass das Streben nach Wissen und die Neugierde, die das menschliche Wesen auszeichnen, sowohl Segen als auch Fluch sein können. Sie erinnert uns daran, dass jede Entscheidung Konsequenzen hat und dass die Balance zwischen Neugierde und Vorsicht, zwischen dem Drang zu entdecken und der Weisheit, die Gefahren zu erkennen, eine der größten Herausforderungen des menschlichen Lebens ist.

Diese tiefgründigen und universellen Lektionen machen die Geschichte der Büchse der Pandora zu einem zeitlosen Mythos, der weit über seine antiken Wurzeln hinausreicht und auch in der modernen Welt relevant bleibt. Sie ermutigt uns, über die Natur unserer Entscheidungen und die weitreichenden Folgen unseres Handelns nachzudenken, und zeigt, dass Hoffnung und Widerstandskraft zentrale Elemente des menschlichen Überlebens sind.

Der verhängnisvolle Moment:

Das Öffnen der Büchse

Die Geschichte der Büchse der Pandora erreicht ihren dramatischen Höhepunkt im Augenblick der Öffnung. Dieser entscheidende Moment, in dem die Übel der Welt freigesetzt wurden, ist nicht nur der Wendepunkt im Mythos, sondern auch eine tiefgehende Metapher für die menschliche Natur und die Konsequenzen unserer Handlungen. Dieses Kapitel beleuchtet die Umstände, die Pandora zur Öffnung der Büchse führten, und die dramatischen Folgen dieses verhängnisvollen Akts.

Die verführerische Neugier

Pandora, die erste Frau, war ein Geschöpf von unbeschreiblicher Schönheit und Anmut, ausgestattet mit allen Gaben und Fähigkeiten, die die Götter ihr verliehen hatten. Unter diesen Gaben befand sich auch die Neugier, eine Qualität, die die Götter bewusst und gezielt in ihr kultiviert hatten. Neugier ist eine treibende Kraft der menschlichen Natur, eine unaufhaltsame Sehnsucht, das Unbekannte zu ergründen und Geheimnisse zu lüften. Diese Eigenschaft sollte Pandora in eine Zwickmühle zwischen Gehorsam und dem unbändigen Drang, das Mysterium der Büchse zu enthüllen, bringen.

Die Büchse selbst, verlockend und geheimnisvoll, stand als ständige Erinnerung und Versuchung in Pandoras neuem Zuhause. Trotz der klaren Warnungen und Anweisungen, die sie von den Göttern erhalten hatte, nagte die Frage nach dem Inhalt des Gefäßes unaufhörlich an ihrem Geist. Was könnte so mächtig und gefährlich sein, dass selbst die Götter davor warnen? Diese Frage wurde zu einer unausweichlichen Obsession.

Die innere Zerrissenheit

Pandora befand sich in einem inneren Konflikt. Einerseits verspürte sie eine tiefe Verpflichtung, den Anweisungen der Götter und den Bitten ihres Mannes Epimetheus zu folgen. Andererseits fühlte sie sich von der Büchse magisch angezogen, die wie ein verbotener Schatz vor ihr stand. In ihrer Zerrissenheit symbolisiert Pandora die menschliche Erfahrung: den ständigen Kampf zwischen Vernunft und Verlangen, zwischen Pflichtgefühl und der Verlockung des Unbekannten.

In einer ruhigen, scheinbar harmlosen Stunde, als die Welt um sie herum friedlich und still war, übermannte Pandoras Neugier schließlich ihre Vorsicht. Die Stille verstärkte das Flüstern der Versuchung, und der innere Konflikt führte sie Schritt für Schritt näher an das verhängnisvolle Gefäß.

Der Moment der Öffnung

Der entscheidende Moment, in dem Pandora die Büchse öffnete, war ein Augenblick voller Anspannung und Erwartung. Mit zitternden Händen und einem Herzen, das vor Aufregung und Angst raste, hob sie den Deckel. Sofort entwich ein unheilvolles Zischen aus der Büchse, und eine dichte, dunkle Wolke begann sich auszubreiten. Die freigesetzten Übel, die seit Anbeginn der Zeit in der Büchse eingeschlossen waren, strömten in die Welt hinaus.

Krankheiten, Leiden, Eifersucht, Lügen, Tod und andere Plagen entwichen in einem wütenden Strom und breiteten sich rasend schnell aus. Die Welt, die bis zu diesem Moment von Harmonie und Frieden geprägt war, verwandelte sich in einen Ort des Schmerzes und der Herausforderung. Pandoras Tat markierte das Ende des goldenen Zeitalters der Menschheit und den Beginn einer Ära der Mühsal und des Kampfes.

Die Flucht der Hoffnung

Inmitten des Chaos und der Panik, als die Übel entflohen, bemerkte Pandora einen letzten Funken, der in der Büchse zurückblieb. Es war die Hoffnung, das einzige positive Element, das den Menschen in ihrer neu entdeckten Welt voller Widrigkeiten verbleiben sollte. Die Hoffnung, zögerlich und schwach, verharrte in der Büchse, als ob sie sich selbst nicht sicher war, ob sie sich in die Welt hinauswagen sollte.

In einigen Versionen des Mythos wird erzählt, dass Pandora die Büchse schnell wieder schloss, bevor die Hoffnung entweichen konnte, in der Annahme, dass sie ein weiteres Übel wäre. Andere Interpretationen lassen die Hoffnung schließlich entweichen, um den Menschen die Kraft zu geben, die Bürden des Lebens zu ertragen. Unabhängig davon, ob die Hoffnung sofort freigesetzt wurde oder noch eine Weile in der Büchse verweilte, ist ihre Rolle von zentraler Bedeutung. Sie ist das letzte Geschenk der Götter an die Menschheit, ein Funken des Lichts in einer Welt, die von Dunkelheit überschattet ist.

Die Konsequenzen der Tat

Pandoras Handlung hatte tiefgreifende und weitreichende Konsequenzen. Die Welt, die einst ein Ort der Unschuld und des Friedens war, wurde zu einer Arena der Leiden und Prüfungen. Die Übel, die aus der Büchse entflohen, brachten Unheil über die Menschen, aber sie brachten auch die Möglichkeit des Wachstums und der Entwicklung. Denn durch die Konfrontation mit Schwierigkeiten und Herausforderungen entwickelten die Menschen Resilienz, Weisheit und die Fähigkeit zur Hoffnung.

Pandoras Geschichte ist eine komplexe Erzählung über menschliche Schwächen und Stärken, über die unaufhaltsame Neugier und die Konsequenzen unserer Handlungen. Sie zeigt, dass selbst aus den dunkelsten Momenten Licht und Hoffnung entspringen können und dass das menschliche Streben nach Wissen und Verständnis sowohl Gefahren als auch große Belohnungen mit sich bringen kann.

In der modernen Zeit bleibt die Geschichte der Büchse der Pandora eine kraftvolle Metapher für die Unvorhersehbarkeit des Lebens und die Bedeutung der Hoffnung. Sie erinnert uns daran, dass in jedem von uns eine Pandora steckt, die vor der Entscheidung steht, ob sie den Deckel hebt oder nicht, und dass in jeder Herausforderung die Möglichkeit zur Erneuerung und zum Fortschritt liegt.

Die Verbreitung des Übels in der Welt

Der Augenblick, in dem Pandora die Büchse öffnete und die Übel in die Welt entließ, war ein Wendepunkt in der menschlichen Geschichte. Diese freigesetzten Plagen sollten nicht nur das Leben der antiken Griechen, sondern auch das kollektive Bewusstsein der Menschheit für immer verändern. Die Auswirkungen dieser Übel sind vielfältig und tiefgreifend, und sie finden Parallelen in historischen und modernen Katastrophen.

Die antiken Plagen und ihre Symbolik

Als Pandora den Deckel der Büchse hob, entwichen eine Vielzahl von Plagen, die in der antiken Mythologie detailliert beschrieben werden. Krankheit und Pestilenz breiteten sich aus und führten zu körperlichem Leid und Tod. Die Menschen, die einst ein Leben in Gesundheit und Wohlstand genossen, sahen sich nun mit Schmerzen und Verlust konfrontiert. Dieser plötzliche Wechsel symbolisierte die Zerbrechlichkeit des menschlichen Lebens und die ständige Präsenz des Unvermeidlichen.

Neben den physischen Übeln brachte die Büchse auch emotionale und soziale Plagen wie Eifersucht, Neid, Hass und Zwietracht in die Welt. Diese negativen Emotionen zerrissen Gemeinschaften und Familien, zerstörten Vertrauen und schufen ein Umfeld des Misstrauens und der Feindseligkeit. Die antiken Griechen erkannten diese Plagen als Grundelemente menschlicher Konflikte und sahen in ihnen eine Erklärung für die Spannungen und Kriege, die ihre Gesellschaft prägten.

Historische Parallelen

Die Auswirkungen der freigesetzten Übel finden sich in zahlreichen historischen Ereignissen wieder. Pandemien wie die Pest im Mittelalter, die Millionen Menschenleben forderte, erinnern an die Krankheiten, die aus Pandoras Büchse strömten. Die Pest verbreitete nicht nur Tod und Leiden, sondern auch Angst und Verzweiflung, wodurch das soziale Gefüge zerbrach und das Vertrauen in religiöse und politische Institutionen erschüttert wurde.

Kriege und Eroberungen, die durch Gier, Neid und Machtstreben verursacht wurden, spiegeln die emotionalen Plagen wider, die Pandora entfesselte. Der Trojanische Krieg, der im Mythos selbst eine bedeutende Rolle spielt, ist ein Beispiel für die verheerenden Folgen von Eifersucht und Rache. Ebenso haben die beiden Weltkriege des 20. Jahrhunderts gezeigt, wie tief verwurzelter Hass und nationalistische Bestrebungen zu globalen Katastrophen führen können.

Moderne Katastrophen und ihre Verbindungen

In der modernen Zeit sind die Übel aus Pandoras Büchse weiterhin präsent, wenn auch in veränderter Form. Naturkatastrophen wie Erdbeben, Tsunamis und Hurrikane erinnern uns daran, dass das Leben immer noch von unkontrollierbaren Kräften geprägt ist. Diese Katastrophen bringen Leid und Zerstörung mit sich und zeigen die Ohnmacht der Menschheit gegenüber der Naturgewalt.

Auch technologische und industrielle Katastrophen, wie die Nuklearkatastrophe von Tschernobyl oder die Ölkatastrophe im Golf von Mexiko, verdeutlichen die Folgen menschlichen Handelns und die Gefahren, die mit dem Fortschritt einhergehen. Diese Ereignisse sind moderne Manifestationen der antiken Plagen, die zeigen, dass die Menschheit trotz ihrer Fortschritte weiterhin anfällig für selbstverursachte Zerstörung ist.

Die allgegenwärtige Hoffnung

Trotz der freigesetzten Übel gibt es in der Geschichte von Pandora einen wichtigen Aspekt, der oft übersehen wird: die Hoffnung, die in der Büchse verblieb. Diese Hoffnung symbolisiert die unerschütterliche Kraft des menschlichen Geistes, der selbst in den dunkelsten Zeiten nach Licht und Verbesserung strebt. Inmitten von Pandemien, Kriegen und Katastrophen hat die Menschheit immer wieder Wege gefunden, sich zu erholen, zu adaptieren und voranzuschreiten.

Die Geschichte der Büchse der Pandora erinnert uns daran, dass Übel und Leid integrale Bestandteile des Lebens sind, aber auch, dass die Hoffnung eine ebenso wichtige Rolle spielt. Historische und moderne Katastrophen zeigen, dass aus jeder Krise auch eine Chance für Wandel und Erneuerung entstehen kann. Die Menschheit hat die Fähigkeit, aus ihren Fehlern zu lernen, sich weiterzuentwickeln und neue Wege zu finden, um die Herausforderungen der Zukunft zu meistern.

Fazit:

Die Erzählung von Pandoras Büchse und die Verbreitung der Übel in der Welt sind weit mehr als nur ein antiker Mythos. Sie sind ein Spiegelbild der menschlichen Erfahrung und eine zeitlose Lektion über die Natur des Lebens. Die Plagen, die Pandora freisetzte, finden in jeder Epoche ihre Entsprechungen und erinnern uns daran, dass Leid und Herausforderungen unvermeidlich sind. Doch genauso wichtig ist die Hoffnung, die uns antreibt, über das Unheil hinauszublicken und nach einer besseren Zukunft zu streben.

Die Geschichte von Pandora lehrt uns, dass in jedem Moment des Schmerzes und der Verzweiflung auch das Potenzial für Heilung und Transformation liegt. Sie lädt uns ein, die Parallelen zwischen Vergangenheit und Gegenwart zu erkennen und aus den Lektionen der Geschichte zu lernen, um eine widerstandsfähigere und hoffnungsvollere Welt zu gestalten.

Die in der Büchse verbleibende Hoffnung

Die Erzählung von Pandora und ihrer verhängnisvollen Büchse wäre unvollständig ohne das letzte, oft übersehene Element: die Hoffnung. Während die Plagen der Menschheit entflohen und die Welt in Dunkelheit und Leid tauchten, verblieb die Hoffnung in der Büchse. Diese symbolische Überlieferung, die in vielen Versionen des Mythos auftaucht, spielt eine zentrale Rolle und bietet eine tiefere philosophische und psychologische Bedeutung. Die Hoffnung ist nicht nur ein Trostpflaster für die Übel, sondern ein essenzieller Bestandteil der menschlichen Existenz und ein Antrieb für Fortschritt und Widerstandsfähigkeit.

Hoffnung als letzte Zuflucht

Im Mythos der Pandora öffnete sie die Büchse und ließ eine Flut von Übeln auf die Welt los. Doch die Hoffnung blieb zurück, gefangen im Inneren des Gefäßes. Diese verbleibende Hoffnung stellt eine paradoxe Situation dar: Während die Übel unmittelbar auf die Menschheit losgelassen wurden, bleibt die Hoffnung, die die Kraft besitzt, gegen diese Übel anzukämpfen, zurück. Dieser Aspekt des Mythos kann als eine Metapher für die menschliche Erfahrung gesehen werden, in der die Hoffnung oft das letzte verbleibende Licht in Zeiten tiefster Dunkelheit ist.

Die Tatsache, dass die Hoffnung in der Büchse blieb, könnte auch darauf hinweisen, dass Hoffnung nicht einfach gegeben, sondern aktiv gesucht und kultiviert werden muss. Sie ist nicht unmittelbar verfügbar, sondern erfordert eine bewusste Entscheidung und Anstrengung, um sie zu finden und zu nutzen. In diesem Sinne wird die Hoffnung zu einem Symbol der inneren Stärke und des menschlichen Geistes, der in der Lage ist, selbst in den schwierigsten Zeiten Hoffnung zu bewahren.

Philosophische Perspektiven auf die Hoffnung

Philosophen haben seit Jahrhunderten über die Natur der Hoffnung und ihre Rolle im menschlichen Leben nachgedacht. Aristoteles sah Hoffnung als einen Trieb, der den Menschen dazu veranlasst, sich Ziele zu setzen und diese zu verfolgen. Er betrachtete sie als eine Tugend, die eng mit dem Glauben an das Gute und die Möglichkeit des Erreichens von Glück und Erfüllung verbunden ist.

Im Gegensatz dazu war Nietzsche skeptischer gegenüber der Hoffnung. Er sah sie als eine Art Illusion, die die Menschen davon abhält, die harten Realitäten des Lebens zu akzeptieren und zu überwinden. Für Nietzsche war die Hoffnung eine Form der Selbsttäuschung, die die wahre Natur des Leidens verschleiert.

Trotz dieser unterschiedlichen Sichtweisen erkennen beide Philosophen die Macht der Hoffnung an, das menschliche Verhalten zu beeinflussen. Hoffnung kann als eine treibende Kraft verstanden werden, die den Menschen hilft, in schwierigen Zeiten weiterzumachen, und als ein Motor für Veränderung und Verbesserung dient.

Psychologische Perspektiven auf die Hoffnung

Aus psychologischer Sicht ist Hoffnung ein wesentliches Element des menschlichen Wohlbefindens. Hoffnung gibt Menschen einen Sinn und Zweck und ermöglicht es ihnen, positive Erwartungen für die Zukunft zu haben. Sie ist eng mit Resilienz verbunden, der Fähigkeit, sich von Rückschlägen zu erholen und Widrigkeiten zu überwinden.

Die Psychologie definiert Hoffnung oft als eine Kombination aus Zielsetzung und Motivation. Sie beinhaltet das Setzen von realistischen Zielen, das Entwickeln von Strategien, um diese Ziele zu erreichen, und das Vertrauen in die eigenen Fähigkeiten, diese Strategien umzusetzen. In diesem Kontext wird Hoffnung zu einer aktiven, dynamischen Kraft, die Menschen dazu befähigt, Herausforderungen zu meistern und ihre Lebensumstände zu verbessern.

Studien haben gezeigt, dass Menschen mit höherem Maß an Hoffnung tendenziell bessere psychische und physische Gesundheit haben, widerstandsfähiger gegenüber Stress sind und insgesamt zufriedenere Leben führen. Hoffnung kann als Schutzfaktor betrachtet werden, der Menschen hilft, mit den unvermeidlichen Schwierigkeiten des Lebens umzugehen.

Die duale Natur der Hoffnung

Die Hoffnung, die in der Büchse der Pandora zurückblieb, hat eine doppelte Bedeutung. Einerseits ist sie ein Symbol für das menschliche Streben nach Licht und Besserung in einer Welt voller Übel. Sie repräsentiert die unerschütterliche Zuversicht, dass es trotz aller Schwierigkeiten eine Möglichkeit gibt, Gutes zu erreichen und ein besseres Leben zu führen.

Andererseits kann die Hoffnung auch eine Form des Wartens und der Passivität symbolisieren. Wenn die Hoffnung als einziges verbleibendes Element in der Büchse betrachtet wird, könnte sie auch als eine Aufforderung verstanden werden, nicht auf äußere Rettung zu warten, sondern aktiv nach Lösungen zu suchen und Verantwortung für das eigene Leben zu übernehmen.

Fazit:

Die unentbehrliche Hoffnung

Die in der Büchse der Pandora verbleibende Hoffnung ist weit mehr als nur ein Trostpreis in einer Welt voller Leiden. Sie ist ein kraftvolles Symbol für die menschliche Fähigkeit, trotz aller Widrigkeiten positive Erwartungen und Ziele zu haben. Sie erinnert uns daran, dass selbst in den dunkelsten Momenten das Licht der Hoffnung weiterlebt und dass wir die Macht haben, uns selbst und unsere Welt zu verbessern.

In einer Zeit, in der moderne und historische Katastrophen die Menschheit herausfordern, bleibt die Geschichte der Pandora und die verbleibende Hoffnung ein zeitloser Lehrmeister. Sie ermutigt uns, aktiv nach Hoffnung zu suchen, sie zu kultivieren und sie als eine treibende Kraft in unserem Leben zu nutzen. Denn letztlich ist es die Hoffnung, die uns antreibt, die uns stärkt und die uns daran erinnert, dass es immer die Möglichkeit gibt, das Blatt zu wenden und eine bessere Zukunft zu gestalten.

Interpretationen in der Antike

Der Mythos der Pandora ist eine der faszinierendsten und vielschichtigsten Erzählungen der antiken griechischen Mythologie. Dieser Mythos, der die Entstehung des weiblichen Geschlechts und die Freisetzung allen Übels in die Welt beschreibt, wurde von verschiedenen Autoren der Antike unterschiedlich interpretiert. Hesiod, einer der frühesten und einflussreichsten Dichter der griechischen Literatur, lieferte zwei der bekanntesten Versionen des Mythos. Doch auch andere antike Autoren trugen zur Vielfalt der Interpretationen bei. In diesem Kapitel untersuchen wir die verschiedenen Ansätze und Sichtweisen der antiken Schriftsteller, um die Nuancen und Bedeutungen des Pandora-Mythos besser zu verstehen.

Hesiods Darstellung: ›Werke und Tage‹ und ›Theogonie‹

Hesiod, ein bedeutender griechischer Dichter des 8. Jahrhunderts v. Chr., ist die Hauptquelle für den Mythos der Pandora. In seinem Werk ›Werke und Tage‹ schildert Hesiod Pandora als das erste weibliche Wesen, das von den Göttern geschaffen wurde, um die Menschheit zu bestrafen. Hesiod beschreibt, wie Zeus, erzürnt über Prometheus' Diebstahl des Feuers, Hephaistos beauftragte, eine Frau aus Lehm zu formen. Athena kleidete sie, Aphrodite verlieh ihr Anmut, und Hermes gab ihr eine trügerische Natur. Pandora erhielt eine Büchse, die sie nicht öffnen sollte, aber ihre Neugier siegte, und sie ließ die Übel der Welt frei.

In Hesiods ›Theogonie‹ wird Pandora als Teil eines göttlichen Plans dargestellt, der die Ordnung und die Hierarchie zwischen Göttern und Menschen wiederherstellen sollte. Die Erschaffung Pandoras war eine Antwort auf Prometheus' Handlungen und sollte die Menschen daran erinnern, dass sie den Göttern untergeordnet sind. Hier liegt der Fokus weniger auf Pandoras Taten selbst, sondern mehr auf ihrer Rolle im göttlichen Plan und der Konsequenz des Ungehorsams.

Unterschiede und Gemeinsamkeiten bei Hesiod

Während beide Werke Hesiods Pandora als Instrument der göttlichen Rache zeigen, gibt es Unterschiede in der Betonung und Detailtiefe. In ›Werke und Tage‹ wird stärker auf die moralische Lehre eingegangen – die Vorstellung, dass menschliche Schwächen, wie Neugier und Ungehorsam, zu Leid führen. Die ›Theogonie‹ hingegen konzentriert sich mehr auf den kosmischen Plan und die Wiederherstellung der göttlichen Ordnung.

Andere antike Autoren

Neben Hesiod gibt es auch andere antike Autoren, die den Mythos der Pandora erwähnen und interpretieren. Einer dieser Autoren ist Aischylos, ein bedeutender griechischer Tragödiendichter. In seinem Werk ›Der gefesselte Prometheus‹ wird Pandora nicht direkt erwähnt, aber die Themen der göttlichen Rache und des menschlichen Leidens werden vertieft. Prometheus' Qualen und sein Widerstand gegen Zeus' Willen stehen im Mittelpunkt, was die Tragweite von Pandoras Handlung und deren Auswirkungen auf die Menschheit unterstreicht.

Die Rolle der Pandora in verschiedenen Erzählungen

In den verschiedenen Interpretationen der antiken Autoren bleibt Pandora eine ambivalente Figur. Sie ist sowohl ein Opfer der göttlichen Intrigen als auch eine Täterin, deren Handlungen verheerende Konsequenzen haben. Diese Dualität spiegelt die komplexen Ansichten der antiken Griechen über das Weibliche wider – als Quelle sowohl des Lebens als auch des Unheils.

Ein weiterer wichtiger Aspekt in der Interpretation des Pandora-Mythos ist die Betrachtung der Götter selbst. In Hesiods Werken wird deutlich, dass die Götter nicht nur wohlwollende, sondern auch rachsüchtige und manipulative Wesen sind. Zeus' Entscheidung, Pandora zu schaffen, zeigt die Macht und die Willkür der Götter. Diese Darstellung der Götter als komplexe Wesen mit menschlichen Schwächen ist charakteristisch für die griechische Mythologie und trägt zur tiefen Symbolik des Pandora-Mythos bei.

Philosophische und moralische Implikationen

Die antiken Interpretationen des Pandora-Mythos haben auch tiefere philosophische und moralische Implikationen. Die Geschichte stellt grundlegende Fragen über die Natur des Bösen, die Verantwortung und die Rolle der menschlichen Schwächen. Pandora wird oft als Symbol für die menschliche Neugier und den unstillbaren Drang nach Wissen gesehen, der sowohl Fortschritt als auch Zerstörung bringen kann. Diese Ambivalenz macht den Mythos besonders reichhaltig und relevant für verschiedene philosophische und moralische Diskussionen.

Fazit:

Die zeitlose Relevanz des Pandora-Mythos

Die verschiedenen Interpretationen des Pandora-Mythos in der Antike zeigen, wie vielfältig und komplex dieser Mythos ist. Von Hesiods detaillierten Darstellungen bis zu den subtilen Hinweisen bei anderen Autoren bietet der Mythos eine Fülle von Bedeutungen und Einsichten. Die Figur der Pandora, ihre Rolle und die Konsequenzen ihrer Handlungen bleiben ein zentrales Thema der menschlichen Kultur und bieten bis heute Stoff für Reflexion und Diskussion.

In den antiken Erzählungen zeigt sich die tiefe Verwurzelung des Pandora-Mythos in den grundlegenden Fragen des menschlichen Daseins. Die Mythologie dient als Spiegel der menschlichen Natur, ihrer Stärken und Schwächen, und bietet gleichzeitig eine Erklärung für die Existenz des Bösen in der Welt. Indem wir diese alten Geschichten studieren, können wir nicht nur die Ansichten der antiken Griechen besser verstehen, sondern auch zeitlose Wahrheiten über uns selbst und unsere Gesellschaft entdecken.

Philosophische und ethische Implikationen

Der Mythos der Pandora ist mehr als nur eine faszinierende Erzählung aus der griechischen Mythologie. Er birgt tiefgehende philosophische und ethische Lektionen, die bis heute relevant sind. Die Geschichte von Pandoras Schöpfung, ihrer Neugier und den daraus resultierenden Konsequenzen wirft grundlegende Fragen über Gehorsam, menschliche Natur und die Suche nach Wissen auf. Diese Fragen haben Philosophen und Ethiker über Jahrtausende hinweg beschäftigt und bieten einen reichhaltigen Kontext für Reflexion und Diskussion.

Die ethischen Lektionen des Pandora-Mythos

Eine der zentralen ethischen Lektionen des Pandora-Mythos ist die Konsequenz des Ungehorsams. Zeus schuf Pandora, um die Menschheit für den Ungehorsam von Prometheus zu bestrafen. Indem Pandora die Büchse öffnete, setzte sie unabsichtlich eine Vielzahl von Übeln frei, die die Menschheit seitdem plagen. Diese Handlung zeigt die weitreichenden Folgen von Ungehorsam und die Verantwortung, die mit jeder Entscheidung einhergeht. In einer breiteren ethischen Perspektive unterstreicht der Mythos die Notwendigkeit, Autoritäten und Regeln zu respektieren, um das Wohl der Gemeinschaft zu gewährleisten.

Neugier und das Streben nach Wissen

Pandoras Neugier ist ein weiterer zentraler Aspekt des Mythos. Trotz der Warnungen öffnete sie die Büchse, getrieben von ihrem Wissensdurst. Diese Handlung symbolisiert die menschliche Neigung zur Neugier und das unaufhaltsame Streben nach Wissen. Während Wissen oft als positiv und erstrebenswert angesehen wird, zeigt der Mythos, dass es auch Gefahren birgt. Die Freisetzung der Übel aus der Büchse steht metaphorisch für die unbeabsichtigten Konsequenzen, die aus dem Streben nach Wissen resultieren können. Diese duale Natur der Neugier – als Motor des Fortschritts und gleichzeitig als Quelle potenziellen Unheils – regt zum Nachdenken über die Balance zwischen Wissensdrang und Vorsicht an.

Menschliche Natur und die Suche nach Bedeutung

Der Pandora-Mythos reflektiert tiefgreifend die menschliche Natur. Er zeigt, dass Menschen von Natur aus neugierig sind, nach Wissen streben und bereit sind, Risiken einzugehen. Diese Eigenschaften haben die Menschheit zu großen Entdeckungen und Fortschritten geführt, aber auch zu Fehlern und Katastrophen. Die Geschichte von Pandora lädt uns ein, über die Natur dieser Eigenschaften nachzudenken und ihre Rolle in unserem Leben zu verstehen.

Ein weiterer Aspekt der menschlichen Natur, der im Mythos beleuchtet wird, ist die Suche nach Bedeutung und Erklärung. Die griechische Mythologie, einschließlich des Pandora-

Mythos, diente den antiken Griechen als Mittel, um die Welt und ihre Phänomene zu erklären. In Pandoras Geschichte fanden sie eine Erklärung für das Vorhandensein des Bösen in der Welt und die Notwendigkeit, mit den Konsequenzen menschlicher Handlungen umzugehen.

Gehorsam und Freiheit

Der Mythos von Pandora thematisiert auch den Spannungsbogen zwischen Gehorsam und Freiheit. Zeus' Anweisung, die Büchse nicht zu öffnen, war eine klare Grenze, die Pandora überschritt. Diese Überschreitung symbolisiert den menschlichen Drang nach Freiheit und Selbstbestimmung, selbst wenn dies bedeutet, gegen Vorschriften zu verstoßen. Die ethische Frage, die hier aufgeworfen wird, ist, inwieweit Gehorsam notwendig ist und wann es gerechtfertigt sein könnte, Regeln zu brechen, um höhere Ziele oder Erkenntnisse zu erreichen.

Philosophische Perspektiven

Philosophisch betrachtet, stellt der Pandora-Mythos Fragen zur Natur des Bösen und zum menschlichen Dasein. Die Freisetzung der Übel aus der Büchse kann als Symbol für die Unvermeidlichkeit des Leidens und die Herausforderungen des menschlichen Lebens gesehen werden. Die in der Büchse verbleibende Hoffnung bietet jedoch eine Gegenbalance, die zeigt, dass trotz allen Leids und aller Schwierigkeiten stets die Möglichkeit auf Besserung und Erneuerung besteht.

Ein bedeutender Punkt, den Philosophen wie Friedrich Nietzsche und Jean-Paul Sartre im Kontext ähnlicher Mythen diskutierten, ist die Verantwortung des Individuums für seine Handlungen und deren Konsequenzen. Der Mythos von Pandora illustriert, dass jede Handlung, ob bewusst oder unbewusst, tiefgreifende Auswirkungen haben kann. Diese Perspektive betont die Bedeutung der ethischen Reflexion und die Notwendigkeit, über die möglichen Konsequenzen unseres Handelns nachzudenken.

Ethik und moderne Parallelen

Die ethischen Lektionen des Pandora-Mythos sind auch in der modernen Zeit von großer Relevanz. In einer Welt, die von technologischen Fortschritten und wissenschaftlichen Entdeckungen geprägt ist, stehen wir ständig vor der Herausforderung, die Balance zwischen Wissensdrang und Vorsicht zu finden. Fragen des ethischen Handelns, der Verantwortung und der möglichen Konsequenzen unserer Entscheidungen sind heute aktueller denn je. Der Mythos von Pandora erinnert uns daran, dass Wissen Macht ist und dass diese Macht mit großer Verantwortung einhergeht.

In der modernen Philosophie und Ethik dient der Pandora-Mythos als wertvolles Beispiel, um Diskussionen über die Grenzen der Wissenschaft, die Rolle des Individuums in der Gesellschaft und die moralischen Implikationen menschlichen Handelns anzuregen. Er lädt uns ein, die Komplexität unserer Natur zu akzeptieren und gleichzeitig bewusst und verantwortungsvoll mit den Herausforderungen umzugehen, die uns begegnen.

Fazit:

Der Pandora-Mythos ist weit mehr als eine alte Geschichte. Er bietet eine tiefgründige Reflexion über die menschliche Natur, die ethischen Herausforderungen des Lebens und die philosophischen Fragen, die uns seit Jahrtausenden beschäftigen. Indem wir die Lektionen und Implikationen dieses Mythos verstehen, können wir nicht nur die antike Weisheit schätzen, sondern auch wertvolle Einsichten für unser modernes Leben gewinnen. Der Mythos von Pandora erinnert uns daran, dass unsere Handlungen weitreichende Konsequenzen haben und dass die Suche nach Wissen und Bedeutung stets mit einer ethischen Verantwortung einhergeht.

Die Rolle der Frauen in der griechischen Mythologie

Die griechische Mythologie ist reich an Erzählungen über mächtige Götter, mutige Helden und mystische Kreaturen. Inmitten dieser Geschichten spielen Frauen eine bedeutende und oft komplexe Rolle. Eine dieser zentralen Figuren ist Pandora, die erste Frau, deren Erschaffung und Handlungen weitreichende Folgen für die Menschheit hatten. Um Pandoras Platz in der griechischen Mythologie vollständig zu verstehen, ist es hilfreich, sie im Kontext der vielen anderen weiblichen Figuren zu betrachten, die die Mythen der antiken Griechen bevölkern.

Pandora: Die erste Frau

Pandora, geschaffen von Hephaistos auf Befehl von Zeus, steht am Anfang der weiblichen Erzählungen in der griechischen Mythologie. Sie wurde nicht nur als Strafe für die Menschheit geschaffen, sondern auch als Verkörperung der Neugier und der menschlichen Fehler. Ihre Handlung, die Büchse zu öffnen und damit das Übel in die Welt zu entlassen, stellt sie in eine ambivalente Position: sowohl als Werkzeug des göttlichen Plans als auch als unabhängige Figur, die durch ihre Neugier und Entscheidungen die Welt unwiderruflich veränderte. In der Tradition der Mythologie nimmt Pandora eine einzigartige Stellung ein, da sie als erste Frau symbolisch für die Einführung der Weiblichkeit und ihre Folgen steht.

Hera: Die Göttin der Ehe und Geburt

Hera, die Gattin des Zeus und Königin der Götter, repräsentiert die Institution der Ehe und die Fruchtbarkeit. In vielen Mythen erscheint sie als eifersüchtige und rachsüchtige Göttin, die ihre Macht nutzt, um die Geliebten und unehelichen Kinder ihres Mannes zu bestrafen. Heras Rolle spiegelt die Bedeutung der Ehe und die Herausforderungen der ehelichen Treue in der griechischen Gesellschaft wider. Sie wird oft als Beschützerin der Frauen und als Hüterin der ehelichen Harmonie dargestellt, obwohl ihre Geschichten häufig auch Konflikte und Machtkämpfe innerhalb der göttlichen Familie beleuchten.

Athena: Die Göttin der Weisheit und Kriegsführung

Athena, die aus dem Kopf ihres Vaters Zeus geboren wurde, ist eine der prominentesten Göttinnen der griechischen Mythologie. Sie verkörpert Weisheit, Strategie und Kampfkunst und wird oft als Beschützerin der Helden dargestellt. Im Gegensatz zu Pandora, deren Neugier und Ungehorsam das Übel in die Welt brachte, steht Athena für rationale Überlegungen und kluge Entscheidungen. Ihre jungfräuliche Natur und ihre Rolle als Kriegerin setzen sie von den typischen weiblichen Rollen der Mutterschaft und Ehe ab und machen sie zu einem Symbol für unabhängige und starke Frauen.

Aphrodite: Die Göttin der Liebe und Schönheit

Aphrodite, geboren aus dem Meerschaum, ist die Göttin der Liebe, Schönheit und Sexualität. Sie spielt eine zentrale Rolle in vielen Mythen, in denen sie sowohl Liebe als auch Zwietracht sät. Aphrodites Einfluss zeigt sich in der Macht der Anziehung und dem Chaos, das leidenschaftliche Beziehungen oft mit sich bringen. Ihre Geschichten, die von verzehrender Liebe bis hin zu zerstörerischer Eifersucht reichen, reflektieren die tiefen Emotionen und Konflikte, die Liebe in der menschlichen Erfahrung hervorruft. Aphrodite repräsentiert die verführerische und unkontrollierbare Natur der Liebe, die sowohl Freude als auch Leid bringen kann.

Medea: Die betrogene Zauberin

Medea, eine der komplexesten Frauenfiguren der griechischen Mythologie, ist bekannt für ihre Rolle in der Geschichte von Jason und den Argonauten. Als mächtige Zauberin verliebt sie sich in Jason und hilft ihm, das Goldene Vlies zu erlangen. Ihre Liebe und Loyalität werden jedoch verraten, als Jason sie für eine andere Frau verlässt. Medeas Rache ist schrecklich: Sie tötet ihre eigenen Kinder und Jasons neue Braut. Ihre Geschichte illustriert die extremen Emotionen und die verheerenden Auswirkungen von Verrat und Rache. Medea steht als Symbol für die verletzliche und doch gefährliche Kraft der weiblichen Leidenschaft und Magie.

Persephone: Die Königin der Unterwelt

Persephone, die Tochter von Demeter und Zeus, wird von Hades entführt und zur Königin der Unterwelt gemacht. Ihre jährliche Rückkehr aus der Unterwelt zur Erde symbolisiert den Wechsel der Jahreszeiten und die Wiedergeburt der Natur. Persephones Mythos verbindet Themen von Verlust, Wiedergeburt und der zyklischen Natur des Lebens. Ihre Rolle als Königin der Unterwelt und als Symbol der Fruchtbarkeit zeigt die duale Natur vieler weiblicher Figuren in der griechischen Mythologie, die sowohl das Leben als auch den Tod verkörpern.

Vergleichende Betrachtung

Pandoras Rolle als erste Frau in der griechischen Mythologie hebt sich durch ihre Erschaffung und die Freisetzung des Übels von anderen weiblichen Figuren ab. Während andere Göttinnen und Sterbliche oft durch ihre Beziehung zu männlichen Göttern oder Helden definiert werden, steht Pandora als Schlüsselfigur für die Einführung menschlicher Schwächen und Tugenden. Ihre Geschichte teilt jedoch auch Elemente mit anderen weiblichen Figuren, insbesondere in Bezug auf Themen wie Neugier, Gehorsam und die Konsequenzen ihrer Handlungen.

Der Vergleich zwischen Pandora und Figuren wie Hera, Athena, Aphrodite, Medea und Persephone zeigt die Vielschichtigkeit weiblicher Charaktere in der griechischen Mythologie. Jede dieser Figuren verkörpert unterschiedliche Aspekte der menschlichen Erfahrung und spiegelt die gesellschaftlichen und kulturellen Werte der antiken Griechen wider. Pandoras Handlung, das Öffnen der Büchse, kann als eine Parallele zu Athenas strategischer Klugheit, Aphrodites verzehrender Liebe oder Medeas rachsüchtiger Magie gesehen werden. Jede dieser Geschichten betont die Macht und den Einfluss, den Frauen in der Mythologie haben, und lädt zu einer tieferen Reflexion über die Rolle der Frauen in der Geschichte und der Gesellschaft ein.

Fazit:

Die Rolle der Frauen in der griechischen Mythologie ist ebenso vielfältig wie tiefgründig. Pandora, als erste Frau, steht symbolisch für die Einführung des Weiblichen und der damit verbundenen Herausforderungen und Möglichkeiten. Durch den Vergleich mit anderen weiblichen Figuren wie Hera, Athena, Aphrodite, Medea und Persephone wird deutlich, dass die griechischen Mythen reich an komplexen und vielschichtigen Darstellungen von Frauen sind. Diese Geschichten bieten wertvolle Einblicke in die antiken Vorstellungen von Weiblichkeit und deren Einfluss auf die menschliche Existenz und bleiben auch heute noch ein bedeutendes Feld für die philosophische und kulturelle Auseinandersetzung.

Pandora in Kunst und Literatur

Die Figur der Pandora, eine der markantesten Gestalten der griechischen Mythologie, hat Künstler und Literaten seit der Antike inspiriert. Ihre Geschichte, die die Ursprünge des menschlichen Leids und die komplexe Rolle der Hoffnung berührt, bietet einen reichen Fundus an Symbolik und Interpretation. In diesem Kapitel betrachten wir, wie Pandora in verschiedenen Epochen der Kunst und Literatur dargestellt wurde und welche Bedeutungen und Botschaften diese Darstellungen transportieren.

Pandora in der antiken Kunst

In der antiken griechischen Kunst wurde Pandora oft als schöne, aber gefährliche Frau dargestellt, deren Erscheinung sowohl Faszination als auch Unheil symbolisiert. Vasenmalereien, Reliefs und Skulpturen zeigen sie häufig in der Szene ihrer Erschaffung oder im Akt des Öffnens der Büchse. Eine berühmte Darstellung findet sich auf einer attischen rotfigurigen Vase aus dem 5. Jahrhundert v. Chr., die Pandora in der klassischen Schönheit der griechischen Kunst zeigt, umgeben von Göttern, die ihr verschiedene Gaben überreichen.

Ein weiteres bemerkenswertes Beispiel ist ein Marmorrelief, das die Szene von Pandoras Erschaffung zeigt. Hier ist Hephaistos zu sehen, wie er aus Lehm die erste Frau formt, während die anderen Götter aufmerksam zuschauen. Diese Darstellungen betonen ihre Einzigartigkeit und ihre Rolle als von den Göttern erschaffenes Wesen.

Renaissance und Barock: Neue Interpretationen

Mit der Wiederentdeckung der klassischen Mythologie in der Renaissance erlebte die Figur der Pandora eine Wiederbelebung in der Kunst. Künstler wie Jean Cousin der Ältere und Peter Paul Rubens schufen Werke, die Pandora in der Opulenz und dem Detailreichtum dieser Epochen darstellten.

Jean Cousins Gemälde ›Eva Prima Pandora‹ (ca. 1550) zeigt Pandora und Eva aus der biblischen Schöpfungsgeschichte als eine einzige, symbolträchtige Figur. Dies unterstreicht die Parallelen zwischen den beiden Mythen, die beide die Frau als Ursprung von Leid und Sünde darstellen. Cousins Werk ist ein komplexes Spiel mit Symbolen und verweist auf die tiefere philosophische Frage nach dem Ursprung des Bösen.

Rubens' Interpretation von Pandora betont ihre Schönheit und das tragische Moment des Öffnens der Büchse. In seinem Gemälde ›Pandora öffnet die Büchse‹ wird der Moment der Freisetzung des Übels mit dramatischem Licht und Schatten dargestellt, was die Spannung und die weitreichenden Konsequenzen ihrer Handlung visuell einfängt.

Romantik und Moderne: Psychologische Tiefe

In der Romantik und der Moderne erhielt die Figur der Pandora eine neue psychologische Tiefe. Dichter und Schriftsteller begannen, ihre Geschichte nicht nur als Mythos, sondern als Metapher für menschliche Erfahrungen und Emotionen zu interpretieren.

John Keats' Gedicht ›Hyperion‹ (1820) bringt Pandora in Verbindung mit dem Thema des schöpferischen Leidens und der Inspiration. Keats beschreibt sie als eine zentrale Figur, die durch ihre Handlung tiefere philosophische und existenzielle Fragen aufwirft. Pandoras Neugier und ihre Konsequenzen werden als Metapher für den menschlichen Drang nach Wissen und die unvermeidlichen Schmerzen dargestellt, die mit dieser Suche verbunden sind.

In der modernen Literatur hat die Geschichte von Pandora auch feministische Interpretationen erfahren. Autorinnen wie Marguerite Yourcenar und Jeanette Winterson haben in ihren Werken die Perspektive auf Pandora erweitert und sie als Symbol für die Unterdrückung und Befreiung der Frau betrachtet. Wintersons ›Weight‹ (2005) bietet eine Neudeutung des Pandora-Mythos, in der Pandora nicht als naive oder schuldige Figur, sondern als starke, komplexe Frau dargestellt wird, die ihre eigene Geschichte erzählt und ihre eigene Stimme findet.

Pandora in der bildenden Kunst des 20. Jahrhunderts

Die bildende Kunst des 20. Jahrhunderts hat Pandora auf vielfältige Weise neu interpretiert. Künstler wie Odilon Redon und Salvador Dalí brachten surrealistische und symbolistische Elemente in die Darstellung von Pandora ein, um die psychologischen und existenziellen Dimensionen ihrer Geschichte zu betonen.

Odilon Redons ›Pandora‹ (1914) zeigt eine traumhafte, fast geisterhafte Figur, die die Büchse öffnet und dabei von einer Aura des Unbekannten und Mystischen umgeben ist. Redons Werk verweist auf die inneren Konflikte und das unbewusste Streben nach Erkenntnis, das Pandora symbolisiert.

Salvador Dalí, bekannt für seine surrealistischen Werke, schuf eine Reihe von Skizzen und Gemälden, die Pandoras Büchse in bizarren und oft verstörenden Szenen darstellen. In Dalís Visionen wird die Büchse zu einem Symbol für die entfesselte menschliche Psyche, die sowohl schöpferische als auch zerstörerische Kräfte birgt.

Literarische Adaptationen und Interpretationen

Literarisch wurde Pandora in vielen Epochen und Genres verarbeitet. In der antiken Literatur, insbesondere bei Hesiod, wird sie als zentrale Figur in den Ursprungsmythen der Menschheit dargestellt. Ihre Handlung, die Büchse zu öffnen, symbolisiert den Übergang von einem goldenen Zeitalter der Unschuld zu einer Welt voller Leiden und Herausforderungen.

In der modernen Literatur wird Pandora oft in einem neuen Licht gesehen. Ihre Geschichte wird genutzt, um zeitgenössische Themen wie Feminismus, psychologische Tiefen und gesellschaftliche Kritik zu erkunden. Autorinnen und Autoren nutzen die Figur der Pandora, um die Komplexität der menschlichen Natur und die tiefen, oft widersprüchlichen Motivationen und Emotionen zu erforschen.

Fazit:

Die Darstellungen von Pandora in Kunst und Literatur zeigen die anhaltende Faszination und die vielfältigen Interpretationen dieser mythischen Figur. Von den antiken Vasenmalereien bis zu den surrealistischen Visionen des 20. Jahrhunderts spiegelt Pandora die sich wandelnden Vorstellungen und Fragen der Menschheit wider. Ihre Geschichte bleibt ein kraftvolles Symbol für die menschliche Neugier, die Suche nach Wissen und die unvermeidlichen Konsequenzen dieser Suche. Pandora, in ihrer Vielschichtigkeit und Symbolkraft, wird auch weiterhin Künstler und Schriftsteller inspirieren und neue Perspektiven auf die menschliche Erfahrung eröffnen.

Moderne wissenschaftliche und technologische Parallelen

Die Erzählung von Pandora und ihrer Büchse ist eine kraftvolle Metapher, die seit Jahrhunderten als Symbol für die unvorhersehbaren Folgen menschlicher Handlungen dient. In der modernen Zeit, in der Wissenschaft und Technik rasante Fortschritte machen, hat dieser Mythos eine neue Relevanz erlangt. Die Geschichte von Pandora wird oft herangezogen, um die Risiken und moralischen Dilemmata zu veranschaulichen, die mit der Entdeckung und Nutzung neuer Technologien einhergehen. Dieses Kapitel untersucht die modernen wissenschaftlichen und technologischen Parallelen zum Pandora-Mythos und diskutiert die unkontrollierbaren Entwicklungen und ihre Konsequenzen.

Die Entfesselung der Atomkraft

Eines der bekanntesten Beispiele für die Anwendung des Pandora-Mythos auf die moderne Wissenschaft ist die Entwicklung der Atomkraft. Als die Kernspaltung entdeckt wurde, schien sie das Potenzial zu haben, eine nahezu unbegrenzte Energiequelle zu bieten. Doch die Zerstörungskraft, die in den Atombomben von Hiroshima und Nagasaki entfesselt wurde, zeigte der Welt die düstere Seite dieser Entdeckung.

Die Wissenschaftler, die am Manhattan-Projekt arbeiteten, waren sich der potenziellen Gefahren bewusst. Einige von ihnen, wie J. Robert Oppenheimer, reflektierten später die moralischen Implikationen ihrer Arbeit und die schwerwiegenden Konsequenzen, die sie mit sich brachte. Die Metapher der Büchse der Pandora ist in diesem Zusammenhang treffend: Einmal geöffnet, konnte die zerstörerische Kraft der Atomkraft nicht mehr zurückgenommen werden, und die Welt wurde mit den weitreichenden Folgen dieser Technologie konfrontiert.

Gentechnologie und das menschliche Genom

Ein weiteres Gebiet, in dem der Pandora-Mythos oft zitiert wird, ist die Gentechnologie. Die Entschlüsselung des menschlichen Genoms und die Möglichkeiten der Gentechnik haben große Hoffnungen geweckt – von der Heilung genetischer Krankheiten bis hin zur Verbesserung menschlicher Fähigkeiten. Doch gleichzeitig birgt diese Technologie erhebliche ethische und gesellschaftliche Risiken.

Die Möglichkeit, das menschliche Erbgut zu manipulieren, wirft Fragen nach der Definition von Menschlichkeit und den Grenzen wissenschaftlicher Eingriffe auf. Das Klonen von Organismen, das Eingreifen in die Keimbahn und die Schaffung von sogenannten ›Designerbabys‹ sind Entwicklungen, die sowohl Begeisterung als auch Besorgnis hervorrufen. Die Erschaffung eines perfekten Menschen, frei von genetischen Fehlern, könnte ungewollte Konsequenzen haben, die heute noch unvorstellbar sind. Genau wie bei Pandora zeigt sich, dass der

Drang nach Wissen und Kontrolle auch das Potenzial hat, ungeahnte Übel freizusetzen.

Künstliche Intelligenz und autonome Systeme

Die rasante Entwicklung der künstlichen Intelligenz (KI) und autonomer Systeme ist ein weiteres Beispiel, bei dem der Pandora-Mythos relevant ist. KI-Technologien haben das Potenzial, nahezu jeden Aspekt des menschlichen Lebens zu revolutionieren – von der Medizin über das Transportwesen bis hin zur Wirtschaft. Doch mit diesen Fortschritten kommen auch erhebliche Risiken.

Die Möglichkeit, dass KI-Systeme unvorhersehbare Entscheidungen treffen oder sich selbstständig weiterentwickeln könnten, ist eine reale Sorge. Szenarien, in denen autonome Waffensysteme außer Kontrolle geraten oder superintelligente KI-Systeme die Menschheit übertreffen und dominieren, sind nicht mehr nur Science-Fiction. Diese Entwicklungen werfen Fragen nach der Kontrolle und Verantwortung auf und erinnern daran, dass technologische Fortschritte oft unvorhersehbare und potenziell katastrophale Konsequenzen haben können.

Biotechnologie und synthetische Biologie

Die Fortschritte in der Biotechnologie und synthetischen Biologie eröffnen ebenfalls neue Möglichkeiten und Herausforderungen. Die Fähigkeit, Leben im Labor zu schaffen oder bestehende Organismen grundlegend zu verändern, könnte revolutionäre Durchbrüche in der Medizin und Landwirtschaft ermöglichen. Doch auch hier gibt es erhebliche Risiken.

Die Schaffung neuer, synthetischer Organismen könnte unvorhersehbare Auswirkungen auf Ökosysteme und die biologische Vielfalt haben. Ein Beispiel ist die Debatte über genveränderte Organismen (GVO), die sowohl Chancen als auch Risiken für Umwelt und Gesundheit mit sich bringen. Wie bei der Büchse der Pandora könnte die Einführung solcher Organismen in die Natur Folgen haben, die nicht mehr rückgängig zu machen sind.

Der Einfluss des Internets und sozialer Medien

Das Internet und soziale Medien haben die Art und Weise, wie Menschen kommunizieren und Informationen austauschen, grundlegend verändert. Während diese Technologien viele Vorteile bieten, haben sie auch neue Formen von Übel freigesetzt – von Cyberkriminalität und Datenmissbrauch bis hin zu Fake News und der Manipulation öffentlicher Meinungen.

Die Verbreitung von Fehlinformationen und die gezielte Beeinflussung durch soziale Medien zeigen, wie leicht Technologie außer Kontrolle geraten kann. Die ursprüngliche Absicht, Wissen und Vernetzung zu fördern, hat auch die Tür zu neuen Bedrohungen und gesellschaftlichen Herausforderungen geöffnet. Die Metapher der Büchse der Pandora erinnert uns daran, dass technologische Fortschritte oft nicht nur positive, sondern auch negative Auswirkungen haben können, die schwer zu kontrollieren sind.

Fazit:

Der Pandora-Mythos bietet einen zeitlosen Spiegel für die Risiken und Herausforderungen, die mit wissenschaftlichen und technologischen Fortschritten einhergehen. Ob Atomkraft, Gentechnologie, künstliche Intelligenz oder das Internet – jede dieser Entwicklungen zeigt, wie der menschliche Drang nach Wissen und Verbesserung auch unvorhersehbare und potenziell gefährliche Konsequenzen haben kann. Die Geschichte von Pandora mahnt zur Vorsicht und zur sorgfältigen Abwägung der möglichen Folgen, bevor neue Technologien entfesselt werden. In einer Welt, die von rasantem Fortschritt geprägt ist, bleibt die Lehre des Pandora-Mythos aktueller denn je.

Pandoras Erbe: Die Metapher
in der heutigen Kultur

Die Erzählung von Pandora und ihrer verhängnisvollen Büchse hat seit der Antike eine bemerkenswerte Reise durch die Zeit gemacht und sich tief in die kollektive Vorstellungskraft der Menschheit eingegraben. In der heutigen Kultur ist der Begriff ›Büchse der Pandora‹ zu einer mächtigen Metapher geworden, die in vielen Bereichen des gesellschaftlichen Lebens verwendet wird. Dieses Kapitel beleuchtet, wie diese Metapher in der modernen Sprache und Kultur genutzt wird und zeigt Beispiele aus Politik, Medien und Popkultur auf.

Die politische Bühne: Warnungen und Dilemmata

In der politischen Rhetorik dient die ›Büchse der Pandora‹ häufig als Warnung vor den möglichen unvorhersehbaren Konsequenzen von politischen Entscheidungen und Handlungen. Politiker und Kommentatoren verwenden den Begriff, um vor den Gefahren zu warnen, die entstehen könnten, wenn bestimmte Maßnahmen ergriffen werden. Ein klassisches Beispiel ist die Diskussion über militärische Interventionen. Wenn ein Land überlegt, in einen Konflikt einzugreifen, wird oft darauf hingewiesen, dass dies eine Büchse der Pandora öffnen könnte – dass es zu einem Sog aus Gewalt und Instabilität führen könnte, der schwer zu kontrollieren ist.

Ein weiteres Beispiel ist die Debatte über Überwachung und Datenschutz. Mit der zunehmenden Digitalisierung und den Möglichkeiten der Massenüberwachung warnen Datenschützer davor, dass die Einführung weitreichender Überwachungstechnologien eine Büchse der Pandora öffnen könnte, die schwerwiegende Konsequenzen für die Privatsphäre und die Freiheit der Bürger hat. Diese Debatten zeigen, wie tief die Metapher in das politische Denken eingebettet ist und wie sie genutzt wird, um komplexe Risiken und moralische Dilemmata zu veranschaulichen.

Medien und Nachrichten: Dramatisierung und Sensationalismus

In den Medien wird die ›Büchse der Pandora‹ oft verwendet, um die dramatischen und potenziell gefährlichen Auswirkungen von Ereignissen oder Entwicklungen zu betonen. Nachrichtenberichte und Artikel greifen auf diese Metapher zurück, um die Aufmerksamkeit der Leser zu wecken und die Ernsthaftigkeit einer Situation zu unterstreichen. Ein Beispiel ist die Berichterstattung über technologische Innovationen und deren mögliche negative Folgen. Wenn neue Technologien wie Künstliche Intelligenz oder Genmanipulation diskutiert werden, wird häufig darauf hingewiesen, dass ihre unkontrollierte Nutzung eine Büchse der Pandora öffnen könnte, die unvorhersehbare und möglicherweise katastrophale Konsequenzen haben kann.

Auch in der Klimaberichterstattung findet die Metapher häufig Anwendung. Die Auswirkungen des Klimawandels und die Ungewissheit über die zukünftigen Konsequenzen werden oft als Öffnen einer Büchse der Pandora dargestellt. Diese bildhafte Sprache hilft den Menschen, die Dringlichkeit und die potenziellen Gefahren des Klimawandels besser zu verstehen und zu verinnerlichen.

Popkultur: Filme, Literatur und Musik

Die Popkultur hat die Metapher der Büchse der Pandora auf vielfältige Weise aufgegriffen und in verschiedenen Medien verarbeitet. In Filmen und Serien wird der Mythos oft als symbolisches Element genutzt, um die Handlung voranzutreiben oder die moralischen Konflikte der Charaktere zu verdeutlichen. Ein bekanntes Beispiel ist der Film ›Pandora‹ aus dem Jahr 1951, in dem die Hauptfigur Pandora Reynolds eine fatale Entscheidung trifft, die zu einer Kette unvorhersehbarer Ereignisse führt.

Auch in der Literatur findet die Metapher breite Anwendung. Romane und Geschichten nutzen die Büchse der Pandora, um Themen wie menschliche Neugier, Verantwortung und die unkontrollierbaren Folgen von Entscheidungen zu erforschen. In der Musik dient die Metapher ebenfalls als Inspiration für Texte und Konzepte. Künstler verwenden sie, um emotionale und gesellschaftliche Themen zu beleuchten, sei es in der Form von Liedern, die persönliche Tragödien behandeln, oder in Konzeptalben, die sich mit den Herausforderungen und Risiken der modernen Welt auseinandersetzen.

Alltagssprache: Symbol für unkontrollierbare Folgen

In der Alltagssprache ist die Büchse der Pandora zu einem festen Bestandteil geworden, der verwendet wird, um Situationen zu beschreiben, in denen Handlungen unvorhersehbare und oft negative Konsequenzen nach sich ziehen. Menschen nutzen die Metapher, um ihre Ängste und Bedenken über die möglichen Folgen bestimmter Entscheidungen auszudrücken. Ob im beruflichen Kontext, in persönlichen Beziehungen oder in gesellschaftlichen Diskussionen – die Metapher ist ein kraftvolles Werkzeug, um die Komplexität und die Unsicherheiten des Lebens zu kommunizieren.

Fazit:

Die Metapher der Büchse der Pandora hat sich in der modernen Kultur fest verankert und dient als kraftvolles Symbol für die unvorhersehbaren und oft gefährlichen Folgen menschlicher Handlungen. Von der politischen Rhetorik über die Medienberichterstattung bis hin zur Popkultur und Alltagssprache – die Erzählung von Pandora und ihrer Büchse bleibt relevant und hilft uns, die Herausforderungen und Risiken unserer Zeit besser zu verstehen. In einer Welt, die ständig von neuen Entwicklungen und Unsicherheiten geprägt ist, bietet der Pandora-Mythos eine zeitlose und universelle Metapher, die uns daran erinnert, dass Wissen und Fortschritt immer mit Verantwortung und Vorsicht einhergehen sollten.

Feministische Perspektiven auf den Pandora-Mythos

Der Mythos von Pandora ist nicht nur eine faszinierende Erzählung über die Ursprünge menschlichen Leids und die Ambivalenz der Hoffnung, sondern auch ein Spiegelbild antiker und kulturhistorischer Vorstellungen über die Rolle der Frau. Aus feministischer Sicht wirft der Mythos von Pandora wichtige Fragen auf: Warum wird die Frau als Quelle allen Unheils dargestellt? Was sagt dies über die gesellschaftliche Wahrnehmung von Frauen in der Antike aus? Und wie vergleicht sich diese Darstellung mit anderen kulturhistorischen Stigmatisierungen, wie etwa der biblischen Eva?

Die Frau als Quelle des Unheils

Im Pandora-Mythos wird die erste Frau von den Göttern erschaffen, um die Menschheit für die Taten von Prometheus zu bestrafen. Pandora, ausgestattet mit verführerischer Schönheit und vielen Gaben, aber auch mit Neugier und Ungehorsam, öffnet die Büchse, aus der alles Übel in die Welt entweicht. Diese Darstellung legt nahe, dass die Frau, verkörpert durch Pandora, als Vehikel des Unheils fungiert. Feministische Theoretiker argumentieren, dass diese Erzählung tief verwurzelte Misogynie und patriarchalische Ängste widerspiegelt.

Die Idee, dass die Frau die Ursache allen Leids ist, findet sich auch in anderen Kulturkreisen und religiösen Traditionen. Ein prominentes Beispiel ist die biblische Eva. Im Buch Genesis wird Eva, die erste Frau, von einer Schlange verführt, die verbotene Frucht zu essen und dadurch den Sündenfall und das Leid der Menschheit zu verursachen. Beide Geschichten, die von Pandora und Eva, nutzen die Figur der Frau, um den Ursprung des menschlichen Leids zu erklären und sie gleichzeitig für dieses Leid verantwortlich zu machen.

Vergleich mit Eva im Alten Testament

Der Vergleich zwischen Pandora und Eva zeigt bemerkenswerte Parallelen und Unterschiede. Beide Frauen werden als neugierig und ungehorsam dargestellt und beide bringen durch ihre Handlungen großes Leid über die Menschheit. Während Pandora jedoch von den Göttern bewusst als Strafe geschaffen wurde, ist Eva in der Genesis eine Schöpfung Gottes, die durch ihre Neugier und Versuchbarkeit zur Sündenbringerin wird Beide Figuren tragen die Bürde der Schuld und sind zentrale Elemente in den narrativen Strukturen, die die Menschheit belehren und kontrollieren sollen.

Feministische Theorien betrachten diese Erzählungen als Werkzeuge patriarchalischer Gesellschaften, um die Rolle der Frau zu kontrollieren und zu begrenzen. Indem Frauen als Quelle des Übels dargestellt werden, rechtfertigen diese Geschichten die Unterordnung der Frau und verstärken negative Stereotype, die Frauen als unzuverlässig, verführbar und gefährlich darstellen.

Historische und kulturelle Kontextualisierung

Um die Darstellung von Pandora und Eva vollständig zu verstehen, ist es wichtig, sie im Kontext der jeweiligen Gesellschaften zu betrachten. Im antiken Griechenland hatten Frauen wenig Rechte und wurden oft als minderwertig gegenüber Männern betrachtet. Der Pandora-Mythos spiegelt diese gesellschaftlichen Normen wider, indem er die erste Frau als Ursprung allen Übels darstellt. Ähnlich war die Stellung der Frau im antiken Israel, wo die biblischen Geschichten entstanden. Evas Rolle im Sündenfall diente dazu, die patriarchalischen Strukturen zu untermauern, die Frauen eine untergeordnete Position zuwiesen.

Moderne feministische Interpretationen

Moderne feministische Interpretationen des Pandora-Mythos und der Geschichte von Eva versuchen, diese Figuren aus den patriarchalen Narrativen zu befreien und sie in einem neuen Licht zu betrachten. Einige Interpretationen sehen in Pandora und Eva Symbole für weibliche Neugier und Wissensdrang, die von patriarchalischen Systemen unterdrückt wurden. Anstatt sie als Sündenböcke zu betrachten, werden sie als tragische Heldinnen gesehen, die für ihre Suche nach Wissen und Autonomie bestraft wurden.

Darüber hinaus wird die Büchse der Pandora in einigen feministischen Deutungen als Symbol für das unterdrückte Potenzial der Frau gesehen. Die in der Büchse eingeschlossenen Übel könnten metaphorisch für die negativen Konsequenzen stehen, die auftreten, wenn weibliche Autonomie und Kreativität unterdrückt werden. Die Hoffnung, die am Ende in der Büchse verbleibt, kann als Symbol für das unerschütterliche Potenzial der Frauen interpretiert werden, trotz der Unterdrückung weiterzumachen und sich gegen die patriarchalen Strukturen zu behaupten.

Fazit:

Die kritische Betrachtung des Pandora-Mythos aus feministischer Perspektive offenbart die tief verwurzelten patriarchalen Strukturen, die die Darstellung von Frauen in der Mythologie und in religiösen Erzählungen prägen. Pandora und Eva sind nicht nur Figuren in alten Geschichten, sondern auch Spiegelbilder der Ängste und Vorurteile, die Frauen seit Jahrtausenden begleiten. Moderne feministische Interpretationen bemühen sich, diese Figuren neu zu deuten und ihre Geschichten als Symbole weiblicher Stärke und Widerstandskraft zu verstehen. Indem wir diese alten Mythen aus neuen Perspektiven betrachten, können wir nicht nur die Vergangenheit besser verstehen, sondern auch Wege finden, um die Zukunft gerechter und gleichberechtigter zu gestalten.

Philosophische Parallelen und moderne Reinterpretationen

Der Mythos von Pandora ist nicht nur eine faszinierende Erzählung der Antike, sondern hat sich über Jahrtausende hinweg in verschiedenen philosophischen und kulturellen Kontexten als eine reiche Quelle für Interpretation und Diskussion erwiesen. Seine Implikationen reichen weit über die bloße Geschichte hinaus und berühren grundlegende Fragen der menschlichen Natur, der Ethik und der Beziehung zwischen Mensch und göttlicher Macht. In diesem Kapitel werden wir die philosophischen Parallelen und die modernen Reinterpretationen des Pandora-Mythos aus verschiedenen Disziplinen beleuchten.

Philosophische Implikationen des Pandora-Mythos

Der Pandora-Mythos beschäftigt sich mit zentralen philosophischen Fragen, die bis heute relevant sind. Eine dieser Fragen ist die nach dem Wesen des Bösen und dessen Ursprung. In der Erzählung wird das Übel durch die Handlung eines einzigen Wesens in die Welt gebracht, was die Vorstellung unterstützt, dass das Böse nicht von Natur aus existiert, sondern durch spezifische Handlungen und Entscheidungen verursacht wird. Diese Idee findet Parallelen in der Philosophie des Determinismus und des freien Willens: Sind wir dazu bestimmt,

Übles zu tun, oder haben wir die Freiheit, unsere Handlungen zu wählen?

Ein weiteres philosophisches Thema, das der Pandora-Mythos aufwirft, ist die Frage nach der menschlichen Neugier und ihrer Rolle in unserer Entwicklung. Die Entscheidung Pandoras, die Büchse zu öffnen, kann als Symbol für den menschlichen Wissensdrang und die unstillbare Neugier interpretiert werden, die sowohl Fortschritt als auch Zerstörung bringen kann. Diese duale Natur der Neugier wird in der Philosophie oft diskutiert, insbesondere in Bezug auf wissenschaftliche und technologische Entwicklungen.

Kulturelle Implikationen und ethische Lektionen

Kulturell betrachtet, bietet der Pandora-Mythos eine Reflexion über die gesellschaftlichen Normen und Werte der Antike. Die Schaffung Pandoras als Strafe für die Menschheit und ihre Darstellung als Ursprung des Übels spiegeln patriarchalische Vorstellungen wider, die Frauen als gefährlich und unzuverlässig darstellen. Diese kulturelle Konstruktion hat tiefgreifende ethische Implikationen, da sie zur Rechtfertigung der Unterdrückung und Kontrolle von Frauen in verschiedenen Gesellschaften beitragen kann.

Ein ethisches Dilemma, das der Mythos aufwirft, ist das Konzept der Verantwortung und Schuld. Wer trägt die Verantwortung für das freigesetzte Übel – Pandora, die die Büchse öffnete, oder die Götter, die die Büchse schufen und ihr Wissen vorenthielten? Diese Frage führt zu tiefergehenden Überlegungen über Machtverhältnisse und die Rolle von Wissen und Ignoranz in der menschlichen Erfahrung.

Moderne Reinterpretationen aus verschiedenen Disziplinen

Der Pandora-Mythos hat in der modernen Zeit zahlreiche Reinterpretationen und Anwendungen gefunden, die seine anhaltende Relevanz und Vielschichtigkeit zeigen. In der Psychologie wird der Mythos oft als Metapher für das menschliche Bewusstsein und die unbewussten Kräfte verwendet, die unsere Handlungen und Entscheidungen beeinflussen. Sigmund Freud und Carl Jung haben beispielsweise Aspekte des Pandora-Mythos in ihren Theorien über das Unbewusste und die Archetypen aufgenommen.

In der Literatur und Kunst findet sich der Mythos in vielfältigen Formen wieder. Schriftsteller und Künstler nutzen die Figur der Pandora und die Büchse als Symbole für die komplexen Dynamiken von Verführung, Unschuld und Schuld. Diese Reinterpretationen erlauben es, den Mythos in neuen Kontexten zu verstehen und seine Bedeutung für die menschliche Natur und die gesellschaftlichen Strukturen zu hinterfragen.

Wissenschaftliche und technologische Parallelen

In der modernen Wissenschaft und Technik wird der Pandora-Mythos oft als Warnung vor unkontrollierbaren Entwicklungen herangezogen. Die Entdeckung der Atomenergie, die Gentechnik und die künstliche Intelligenz sind Beispiele für Technologien, die immense Vorteile, aber auch potenziell katastrophale Konsequenzen mit sich bringen. Der Mythos von Pandora dient hier als Metapher für das Risiko, das mit dem Streben nach Wissen und Macht verbunden ist, und die Notwendigkeit ethischer Überlegungen und Verantwortung in wissenschaftlichen und technologischen Fortschritten.

Soziopolitische Anwendungen

In der Politik und den Medien wird der Begriff ›Pandoras Büchse‹ häufig verwendet, um komplexe und oft gefährliche Situationen zu beschreiben, die durch eine einzige Handlung oder Entscheidung ausgelöst werden. Diese Anwendung zeigt, wie tief der Mythos in das kulturelle Bewusstsein eingedrungen ist und wie er verwendet wird, um die unvorhersehbaren Konsequenzen menschlicher Handlungen zu erklären.

Fazit:

Der Pandora-Mythos bleibt eine kraftvolle Erzählung, die über die Jahrhunderte hinweg ihre Relevanz und Vielschichtigkeit bewahrt hat. Seine philosophischen und kulturellen Implikationen sowie die modernen Reinterpretationen aus verschiedenen Disziplinen bieten ein reiches Feld für Reflexion und Diskussion. Ob als Warnung vor den Gefahren unkontrollierbarer Entwicklungen oder als Symbol für die duale Natur menschlicher Neugier, der Mythos von Pandora regt dazu an, über die tiefgreifenden Fragen unserer Existenz nachzudenken und die Verantwortung, die mit Wissen und Macht einhergeht, zu erkennen. Indem wir diese alten Geschichten in neuen Kontexten betrachten, können wir nicht nur die Vergangenheit besser verstehen, sondern auch wertvolle Lektionen für die Zukunft ziehen.

Die Lehren des Pandora-Mythos für die Gegenwart

Der Pandora-Mythos, eine der ältesten und tiefgründigsten Erzählungen der Menschheit, hat eine zeitlose Qualität, die ihn immer wieder relevant macht. Seine Lehren bieten wertvolle Einsichten, die auf die Herausforderungen unserer modernen Welt angewendet werden können. In diesem Kapitel untersuchen wir, wie die Geschichte von Pandora als Spiegel für heutige gesellschaftliche Probleme dient und welche Weisheiten wir aus dieser alten Erzählung ziehen können.

Neugier und Verantwortung

Eine der zentralen Lehren des Pandora-Mythos ist die Balance zwischen Neugier und Verantwortung. Pandoras Neugier führte zur Freisetzung der Übel in die Welt, was eine tiefgreifende Erkenntnis über die Konsequenzen menschlicher Handlungen vermittelt. In unserer Zeit, geprägt von technologischen Durchbrüchen und wissenschaftlichen Entdeckungen, stehen wir oft vor ähnlichen Dilemmas. Die Entwicklung von Technologien wie der künstlichen Intelligenz, Gentechnik und nuklearen Energie birgt immense Vorteile, aber auch potenziell katastrophale Risiken. Der Mythos erinnert uns daran, dass Fortschritt stets mit einer moralischen und ethischen Verantwortung einhergeht. Unsere Neugier darf nicht blind sein; sie muss von Weisheit und Vorsicht geleitet werden, um die Folgen unseres Handelns abzuschätzen und zu steuern.

Die Dualität von Hoffnung und Verzweiflung

Ein weiterer wesentlicher Aspekt des Pandora-Mythos ist die duale Natur von Hoffnung und Verzweiflung. Trotz der Freisetzung aller Übel blieb die Hoffnung in der Büchse zurück. Dies symbolisiert, dass selbst in den dunkelsten Zeiten ein Funken Hoffnung besteht. Heutzutage erleben wir zahlreiche globale Krisen, von Klimawandel und Umweltzerstörung bis hin zu politischen und sozialen Unruhen. Der Mythos lehrt uns, dass es inmitten von Chaos und Leid immer Raum für Hoffnung und positive Veränderung gibt. Diese Hoffnung kann als Antrieb dienen, um Lösungen für unsere Herausforderungen zu finden und eine bessere Zukunft zu gestalten.

Macht und Kontrolle

Zeus' Rolle im Pandora-Mythos zeigt die Dynamiken von Macht und Kontrolle. Die Erschaffung Pandoras als Bestrafung für die Menschheit verdeutlicht, wie Macht missbraucht werden kann, um Kontrolle auszuüben und Strafen zu verhängen. In der heutigen Gesellschaft sehen wir ähnliche Muster in der Politik und Wirtschaft, wo Macht oft in den Händen weniger konzentriert ist und Missbrauch an der Tagesordnung steht. Der Mythos warnt uns vor den Gefahren absoluter Macht und betont die Notwendigkeit von Checks and Balances, Transparenz und Verantwortlichkeit in Führungspositionen. Eine gerechte und nachhaltige Gesellschaft erfordert, dass Machtverhältnisse hinterfragt und korrigiert werden, um das Wohl aller zu gewährleisten.

Die Rolle der Frauen und Geschlechterstereotypen

Pandoras Geschichte spiegelt tief verwurzelte Geschlechterstereotypen und die Rolle der Frauen in der Gesellschaft wider. Als erste Frau wird sie mit der Freisetzung des Übels in Verbindung gebracht, was patriarchalische Vorstellungen von Frauen als Quelle von Unheil und Verführung zementiert. Diese Stereotypen haben historische und kulturelle Wurzeln und wirken bis in die Gegenwart fort, wo Frauen oft ungleich behandelt und diskriminiert werden. Der Mythos fordert uns auf, diese alten Vorurteile zu hinterfragen und eine gleichberechtigte Gesellschaft zu fördern, in der Frauen nicht aufgrund ihres Geschlechts beurteilt oder benachteiligt werden. Die Emanzipation und Stärkung der Frauenrechte ist ein Schritt in Richtung einer gerechteren und harmonischeren Welt.

Menschliche Natur und Selbstreflexion

Schließlich bietet der Pandora-Mythos eine Gelegenheit zur Selbstreflexion über die menschliche Natur. Die Geschichte stellt grundlegende Fragen: Warum sind wir neugierig? Was treibt uns an? Wie gehen wir mit Macht und Wissen um? Diese Fragen sind universell und zeitlos. In einer Welt, die sich ständig verändert und weiterentwickelt, ist es wichtig, innezuhalten und über unsere Werte und Motive nachzudenken. Der Mythos erinnert uns daran, dass wir als Individuen und als Gesellschaft stets bemüht sein sollten, unsere Entscheidungen und Handlungen zu reflektieren und aus unseren Fehlern zu lernen.

Anwendung auf aktuelle Herausforderungen

Die Lehren des Pandora-Mythos können direkt auf aktuelle gesellschaftliche Herausforderungen angewendet werden. Im Kontext des Klimawandels fordert uns der Mythos auf, verantwortungsbewusst mit unserer Umwelt umzugehen und die langfristigen Konsequenzen unseres Handelns zu berücksichtigen. In der politischen Arena mahnt er zur Wachsamkeit gegenüber Machtmissbrauch und zur Förderung von Demokratie und Gerechtigkeit. In technologischen und wissenschaftlichen Entwicklungen erinnert er uns an die Notwendigkeit ethischer Überlegungen und Verantwortlichkeit.

Fazit:

Der Mythos von Pandora, obwohl in der Antike verwurzelt, bietet zeitlose Weisheiten und Lehren, die in der modernen Welt von unschätzbarem Wert sind. Er ermutigt uns, neugierig zu bleiben, aber mit Bedacht zu handeln; Hoffnung zu bewahren, auch in schwierigen Zeiten; Macht kritisch zu hinterfragen und gerecht zu nutzen; Geschlechterstereotypen zu überwinden und eine gleichberechtigte Gesellschaft zu schaffen; und uns stets unserer menschlichen Natur bewusst zu sein und reflektiert zu handeln. Indem wir diese Lehren in unser tägliches Leben und unsere globalen Entscheidungen integrieren, können wir eine Welt schaffen, die nicht nur auf Fortschritt, sondern auch auf Weisheit und Mitgefühl basiert.

Schlussfolgerung:
Die zeitlose Relevanz des Mythos

Der Mythos der Pandora, der über Jahrtausende hinweg von Generation zu Generation weitergegeben wurde, bleibt ein tiefgründiges und bedeutungsvolles Erbe der Menschheit. Dieses Buch hat die vielschichtige Geschichte und die zahlreichen Interpretationen des Pandora-Mythos untersucht, von seinen antiken Wurzeln bis zu seinen modernen Reinterpretationen. Die zeitlose Relevanz dieses Mythos liegt in seinen universellen Themen und seiner Fähigkeit, uns wichtige Lektionen über menschliches Verhalten, Ethik und Gesellschaft zu lehren.

Zusammenfassung der wichtigsten Erkenntnisse

Neugier und Verantwortung

Die Geschichte von Pandora lehrt uns, dass Neugier, obwohl sie ein treibender Faktor für Fortschritt und Wissen ist, immer mit Verantwortung einhergehen muss. Die Konsequenzen unkontrollierter Neugier können verheerend sein, wie die Freisetzung der Übel in die Welt zeigt. Dies ist eine Lehre, die besonders in der heutigen Zeit der technologischen und wissenschaftlichen Fortschritte von großer Bedeutung ist.

Hoffnung trotz Widrigkeiten

Pandoras Büchse, die nach der Freisetzung aller Übel die Hoffnung bewahrte, symbolisiert die menschliche Fähigkeit, selbst in den dunkelsten Zeiten Hoffnung zu finden. Diese Botschaft ist besonders relevant in unserer modernen Welt, die oft von Krisen und Herausforderungen geprägt ist. Hoffnung ist ein notwendiger Antrieb, um Lösungen zu finden und Veränderungen herbeizuführen.

Macht und Kontrolle

Zeus' Rolle im Mythos betont die Dynamik von Macht und Kontrolle. Die Bestrafung der Menschheit durch die Schaffung Pandoras zeigt, wie Macht missbraucht werden kann. Dies ist eine wichtige Lehre für heutige Führungsstrukturen, die Transparenz, Verantwortlichkeit und eine faire Verteilung von Macht verlangen, um Missbrauch und Ungerechtigkeit zu verhindern.

Geschlechterstereotypen und Emanzipation

Pandoras Geschichte reflektiert tief verwurzelte Geschlechterstereotypen, die Frauen als Quelle des Unheils darstellen. Dieser Mythos bietet eine kritische Perspektive auf historische und kulturelle Stigmatisierungen und fordert uns auf, für Gleichberechtigung und die Überwindung solcher Vorurteile zu kämpfen. Die Emanzipation und Stärkung der Frauenrechte bleibt eine zentrale Aufgabe unserer Zeit.

Selbstreflexion und menschliche Natur

Der Pandora-Mythos fordert uns auf, unsere eigene Natur zu reflektieren. Er stellt Fragen nach unseren Motiven, unserer Neugier und unserem Umgang mit Wissen und Macht. Diese Selbstreflexion ist notwendig, um als Individuen und als Gesellschaft weise und ethisch zu handeln.

Ein Ausblick auf die zukünftige Bedeutung des Pandora-Mythos

Die Zukunft wird zweifellos neue Herausforderungen und Entwicklungen mit sich bringen, die die Lehren des Pandora-Mythos weiterhin relevant machen. In einer Welt, die immer komplexer und vernetzter wird, bleibt der Mythos eine wertvolle Quelle der Weisheit.

Technologische und wissenschaftliche Entwicklungen

Mit fortschreitenden technologischen Innovationen und wissenschaftlichen Entdeckungen wird die Notwendigkeit, verantwortungsbewusst zu handeln, immer dringlicher. Der Mythos erinnert uns daran, dass Fortschritt ohne ethische Überlegungen und Vorsicht gefährlich sein kann. In der Debatte um künstliche Intelligenz, Biotechnologie und andere zukunftsweisende Technologien bleibt die Balance zwischen Neugier und Verantwortung entscheidend.

Globale Krisen und Hoffnung

In Zeiten globaler Krisen wie Klimawandel, Pandemien und politischen Konflikten bietet der Pandora-Mythos eine Botschaft der Hoffnung und Resilienz. Die Fähigkeit, inmitten von Herausforderungen Hoffnung zu bewahren, ist eine zentrale Lehre, die uns ermutigt, Lösungen zu suchen und positive Veränderungen zu bewirken.

Soziale Gerechtigkeit und Gleichberechtigung

Der Mythos bleibt auch eine kraftvolle Metapher im Kampf für soziale Gerechtigkeit und Gleichberechtigung. Die kritische Betrachtung von Geschlechterstereotypen und Machtstrukturen im Mythos kann uns helfen, eine gerechtere und inklusivere Gesellschaft zu fördern.

Philosophische und ethische Reflexion

Schließlich wird der Pandora-Mythos auch in Zukunft als Ausgangspunkt für philosophische und ethische Reflexionen dienen. Er bietet eine tiefe Einsicht in die menschliche Natur und unsere sozialen Strukturen, die uns hilft, unsere Handlungen und Entscheidungen kritisch zu hinterfragen und zu verbessern.

Fazit:

Die Erfindung der Büchse der Pandora bleibt ein faszinierendes und lehrreiches Erbe, das in seiner Vielschichtigkeit und Tiefgründigkeit stets aktuell bleibt. Die Lehren dieses Mythos sind universell und zeitlos, und sie bieten wertvolle Einsichten für den Umgang mit den Herausforderungen unserer modernen Welt. Indem wir die Weisheiten des Pandora-Mythos in unser tägliches Leben und unsere globalen Entscheidungen integrieren, können wir eine Welt schaffen, die auf ethischem Handeln, Verantwortung und Hoffnung basiert. So bleibt der Mythos der Pandora nicht nur eine antike Erzählung, sondern eine lebendige und inspirierende Quelle der Weisheit für kommende Generationen.

Über den Autor

 Lutz Spilker wurde im Jahre 1955 in Duisburg geboren.

Bevor er zum Schreiben von Romanen und Dokumentationen fand, verließen bisher unzählige Kurzgeschichten, Kolumnen und Versdichtungen seine Feder.

In seinen Büchern befasst er sich vorrangig mit dem menschlichen Bewusstsein und der damit verbundenen Wahrnehmung. Seine Grenzen sind nicht die, welche mit der Endlichkeit des Denkens, des Handelns und des Lebens begrenzt werden, sondern jene, die der empirischen Denkform noch nicht unterliegen.

Es sind die Möglichkeiten des Machbaren, die Dinge, welche sich allein in der Vorstellung eines jeden Menschen darstellen und aufgrund der Flüchtigkeit des Geistes unbewiesen bleiben. Die Erkenntnis besitzt ihre Gültigkeit lediglich bis zur Erlangung einer neuen und die passiert zu jeder weiteren Sekunde.

Die Welt von Lutz Spilker beginnt dort, wo zu Beginn allen Seins nichts Fassbares war, als leerer Raum. Kein Vorne, kein Hinten, kein Oben und kein Unten. Kein Glaube, kein Wissen, keine Moral, keine Gesetze und keine Grenzen. Nichts.

In Lutz Spilkers Romanen passieren heimtückische Morde ebenso wie die Zauber eines Märchens. Seine Bücher sind oftmals Thriller, Krimi, Abenteuer, Science Fiction, Fantasy und selbst Love-Story in einem.

»Ich liebe die Sprache: Sie vermag zu streicheln, zu liebkosen und zu Tränen zu rühren. Doch sie kann ebenso stachelig sein, wie der Dorn einer Rose und mit nur einem Hieb zerschmettern.«

In dieser Reihe sind bisher erschienen

Die Erfindung der Langeweile
Die Erfindung des Menschen
Die Erfindung des Geldes
Die Erfindung des Teufels
Die Erfindung des Erfolgs
Die Erfindung der Sterblichkeit
Die Erfindung der Lüge
Die Erfindung der Freiheit
Die Erfindung des Todes
Die Erfindung der Welt
Die Erfindung des Inselmenschen
Die Erfindung der Zeit
Die Erfindung der Seele
Die Erfindung der Politik
Die Erfindung des Gewissens
Die Erfindung der Religion
Die Erfindung der Schuld
Die Erfindung der Gerechtigkeit
Die Erfindung des Friedens
Die Erfindung des Selbstgesprächs
Die Erfindung der Zukunft
Die Erfindung der Pornographie
Die Erfindung der Verschwendung
Die Erfindung des Erwachsenseins
Die Erfindung der Hölle
Die Erfindung der Überbevölkerung
Die Erfindung des Himmels
Die Erfindung der Monarchie
Die Erfindung der Unterhaltung
Die Erfindung der Sprache

Die Erfindung der Musik
Die Erfindung der Wiedergeburt
Die Erfindung des Zufalls
Die Erfindung der Namen
Die Erfindung des Bewusstseins
Die Erfindung des freien Willens
Die Erfindung des Wahrsagens
Die Erfindung der Körpersprache
Die Erfindung des Schlafs
Die Erfindung der Sklaverei
Die Erfindung der Angst
Die Erfindung der Vernunft
Die Erfindung des Vollmonds
Die Erfindung des Vitamin B
Die Erfindung des Make-Up
Die Erfindung des Weihnachtsfestes
Die Erfindung des Ku-Klux-Klan
Die Erfindung des Träumens
Die Erfindung der Flaschenpost
Die Erfindung der Mafia
Die Erfindung der politischen Parteien
Die Erfindung der Freimaurer
Die Erfindung der Freibeuter
Die Erfindung der Raumfahrt
Die Erfindung der Tempelritter
Die Erfindung des ADHS-Syndroms
Die Erfindung der Homöopathie
Die Erfindung der Freizeitparks
Die Erfindung des Werwolfs
Die Erfindung des Astralkörpers
Die Erfindung des Zölibats
Die Erfindung des Herkules
Die Erfindung des Vampirs
Die Erfindung der Philosophie

Die Erfindung des Bieres
Die Erfindung der Geister
Die Erfindung des Ungeheuers von Loch Ness
Die Erfindung der Prä-Astronautik
Die Erfindung des Voodoo
Die Erfindung des Stierkampfs
Die Erfindung des Sinns des Lebens
Die Erfindung des Einhorns
Die Erfindung von Atlantis
Die Erfindung des Gähnens
Die Erfindung der Bundeslade
Die Erfindung der Ehe
Die Erfindung der 10 Gebote
Die Erfindung der modernen Kriminalität
Die Erfindung der Büchse der Pandora

Zeitfracht Medien GmbH
Ferdinand-Jühlke-Straße 7
99095 Erfurt, Deutschland
produktsicherheit@kolibri360.de